《论语》与
春秋中后期的政治、
学术与社会生活

李健胜◎著

人民出版社

责任编辑:贺　畅

责任校对:杜凤侠

**图书在版编目(CIP)数据**

《论语》与春秋中后期的政治、学术与社会生活/李健胜 著. —北京:
　人民出版社,2021.4
ISBN 978－7－01－023158－7

Ⅰ.①论…　Ⅱ.①李…　Ⅲ.①儒家②《论语》-研究　Ⅳ.①B222.25

中国版本图书馆 CIP 数据核字(2021)第 026167 号

《论语》与春秋中后期的政治、学术与社会生活
LUNYU YU CHUNQIU ZHONGHOUQI DE ZHENGZHI XUESHU YU SHEHUI SHENGHUO

李健胜　著

人民出版社 出版发行
(100706　北京市东城区隆福寺街 99 号)

北京虎彩文化传播有限公司印刷　新华书店经销

2021 年 4 月第 1 版　2021 年 4 月北京第 1 次印刷
开本:710 毫米×1000 毫米 1/16　印张:12
字数:173 千字

ISBN 978－7－01－023158－7　定价:47.00 元

邮购地址 100706　北京市东城区隆福寺街 99 号
人民东方图书销售中心　电话 (010)65250042　65289539

# 目  录

# 绪　言

　　《论语》阐释学是中国思想史领域的重要课题。如何解读《论语》，一方面因人而异，另一方面与时代因素相关。程子曰："读《论语》：有读了全然无事者；有读了后其中得一两句喜者；有读了后知好之者；有读了后直有不知手之舞之足之蹈之者。"[①] 这说的是因人而异，反映出《论语》与士大夫群体知识世界的紧密联系，以及这种联系本身具有的多元性和丰富性。从时代因素看，不同的时代背景对于人们阅读《论语》，读出什么样的《论语》，恐怕起着更为关键的作用。在诸子时代和经学时代，人们赋予《论语》的文本地位一定程度上决定着它在现实社会中的作用，蕴含其中的内圣外王之道既是士大夫群体应对社会挑战的心理动能，也是他们获取社会资源的文本依凭。经过一个世纪的磨难，21世纪初期的中国仍处于社会转型期，在思想领域，日新月异、光怪陆离、固执保守等观念情状纠结在一起，令人莫衷一是。尽管社会转型的最终结果与学术研究的目标之间未必有切实的联系，但在这样的时代，研读《论语》等代表中国文化根底的经典，也是很有必要的。

一

　　《论语》是孔子和门人弟子及时人言谈的汇集，往往被视为他个人的作品。尽管门人弟子记录孔子话语时存在改写甚至误写的可能，传抄

---

① （宋）朱熹撰：《论语序说》，《四书章句集注》，中华书局1983年版，第43页。

过程中文本变异的可能性更大，但《论语》的真实性总体上得到后世认可。注释《论语》的读本逐世积累、汗牛充栋，至于阐释《论语》的视角及包含其中的问题意识则因时、因人而异。换言之，每个时代都有重新解读《论语》的必要和契机。通读《论语》，笔者能明确地感受到克制、容忍、理性等颇具现代性特征的诸多人文内涵，笔者进而认为孔子的学问本质上是关于公平、理性和自由的学问。之所以秉持这样的看法，与笔者所处的时空特征及时代思想兴味有关，更与孔子赋予《论语》的思想内涵密不可分。

一般而言，人类很难克服自己的时代，人们生活的世界也并非是随机的，没有谁能立足于具体的文化情境之外，都受一定历史文化氛围的约束。正唯如此，传统宗族社会及其秩序规范、西周贵族政治及其文化传统等对孔子的思想观念产生深刻影响，也使其思想主张具有鲜明的时代性、具体性和个别性。然而，也须承认不同时空的人类面对的基本问题具有同一性，文明时代的人类大体都会追求、维护公平、理性、自由等基本价值。在孔子那里，通过解读、传承《诗》《书》等上古经典，把已然在这些经典中定型的跨时空意义的基本价值运用于他所处时代的特殊性上，进而解决乱世中人心不稳、秩序混乱等问题，是他毕生追求的事业，也是其思想主张具有跨时空意义的主要表达方式。笔者的解读就是顺着孔子诠释上古经典、应对时代问题的基本路径，去探究孔子是如何把公平、理性和自由等与现代性建构息息相关的人文理念运用于他的思想体系之中的。

这种基于现代性理念的跨时空解读方式面临的风险颇大，因为孔子毕竟是生活在两千多年之前的哲人，在漫长的帝制时代，他的思想曾受到过一些士人的质疑，他开创的学派也曾面临本土及外来文化的挑战，"万世之师"的名号也曾备受质疑。事实上，从语录体文本的原初属性看，《论语》反映的是孔子当时的想法，并非是数千年后的中国人孜孜以求的人文理想，因此，解读《论语》就应当致力于解读孔子原来的想法是什么，而非过多地与解读者的时代相连接。不过，应当承认的是，《论语》包含了孔子出生前固有的思想传统及其在有生之年面对的事物、观念，也包含了受《论语》影响的儒家思想史和中国文化史，二者共同构成了《论语》的"历史世界"。在这个"历史世界"里，孔子对历史的评述，其意义已然超越了《论语》本身，通过引述、运用和注解《论语》获得的精神资源，也使《论语》成为传经与论史的统一体。①进而言之，《论语》的"历史世界"很大程度上反映了人类社会面临的基本问题，也体现了人类精神世界的同一性。因此，基于现代性理念去解读这部经典的可行性是成立的。

　　孔子致力于建构一个等级制为基础的德治国家，他把等级制的合法性与"圣王"传统结合起来②，依循西周国家在等级差序前提下贵族集体执政的礼制原则，为当时的社会开出拨乱反正之药方。在具体话语表述中，孔子开了托古改制之先河，通过美化先王之制来确认等级制的合法性，有时甚至不惜以破坏信史为代价达成己意。受孔子影响，复古治今成为绝大多数儒家的基本政治理念，依圣托古也成为占主导地位的民族文化心理。尽管商周贵族等级制与秦汉官僚等级制有诸多差异，但等级制与皇权专制制度存在着很强的内在联结是不容否认的。近代以来，无论是主流学界，还是普通民众，都把中国传统专制社会存在的弊病归咎于儒家，在当代中国，对专制的反感情绪往往影响着人们对儒家思想性质的判断。在这样的时代背景下，把公平、理性和自由等现代性理念与一个充满争议甚至被一些人视为皇权专制思想遗毒的儒学结合起来，无疑会引起争议。解读《论语》须以经史结合的基本方法去正本清源，孔子为代表的正统儒家致力于用商周贵族政制遗产抑制、消解专制权

---

① 参见陈少明：《〈论语〉的历史世界》，《中国社会科学》2010 年第 3 期。

② 参见［美］狄百瑞：《东亚文明：五个阶段的对话》，何兆武、何冰译，江苏人民出版社 2012 年版，第 3 页。

力，一些儒家还不惜"投身中国皇朝政治的浊水之中"[1]，试图改造君主政治的权力禀赋。在这些儒家的思想世界里，的确存留着公平、理性和自由的思想火花。同时，我们也须认清儒家与君主专权相结合所构成的社会势力曾经阻碍过中国社会发展进步的一面，不应为传统文化全面复兴的时代浪潮所裹挟，成为所谓复兴"国学"的牵线木偶。

孔子视道德为政治的基础，试图通过"君子"来实践他的德治理想。受《论语》影响，"君子"已然成为一种政治理想、人格典范和文化心理符号。从广义上讲，"君子"人格涉及一整套信仰、价值和技术的内聚和外化，集中体现了孔子思想中关于公平、理性和自由等人文因素的逻辑起点和历史基础；从狭义上讲，"君子"人格是一种示范，在贵族集体政治向君主专制过渡时代，他代表了儒家以慎独、教化使君子具备控御权力素养的政治诉求，从而使国家政治具备协商和均衡的权力特质，借此冲淡专制权力的严苛与霸道。为此，"君子"须有道高于势的人格自觉，拥有批判现实的能力和勇气。

孔子云："政者，正也。"[2]孔子以"正"训"政"，可谓一语中的，他以十分简明的语词道出等级秩序与政治秩序之间的内在关系。不过，孔子一生参政机会不多，实际的政治经验是欠缺的，他强调道德是政治的基础，但对政治活动本身的独立性和特殊性认识不够，这是他治国方案无法契合时代需要的重要原因，也是他和弟子们在从政问题上存在分歧的主因。和人类基本价值古今东西相通大体相似，政治活动本身的独立性和特殊性也是一个跨时空问题。政治活动涉及权力分配和人际协调，与现实利益、权力斗争等杂糅在一起，它所遵循的游戏规则与人类道德追求之间有时是相对立的，正因如此，政治的现实原则和道德的理想原则之间有时无法达成妥协。受这种现象影响，笔者感到孔子论述为

---

[1] ［美］狄百瑞：《东亚文明：五个阶段的对话》，何兆武、何冰译，江苏人民出版社2012年版，第14页。

[2] 《论语·颜渊下》，载程树德撰，程俊英、蒋见元点校：《论语集释》，中华书局2014年版，第1115页。

政之道时，透露出模糊、附会、倏忽不定的思想意味。在这样的情境下，"君子"是孔子用来思考社会政治秩序的一个概念，但在具体的政治场域中，"君子"的身份意涵和政治地位随政治权势发生损益，孔子弟子们参与政治实践的职业目标往往在于辅佐君上治国，而非实践孔子的德治理想。

从《论语》中挖掘人类普遍价值的学术目标还有可能会遭遇一些认知困境。就"自由"而言，一般分为"去做……的自由"和"免于……自由"①，这与孔子"为仁由己"②"己所不欲，勿施于人"③的主张恰好构成对应关系。然而，孔子主张的人生态度或提出的思想命题是否折射出自由的思想或是自由证言本身，是一个见仁见智的问题，单纯地在孔子语录里是否能找寻出人类的基本价值更是一个充满争议的问题。不过，孔子建构的不仅仅是道德话语，他至少初步探索了国家与社会之间的结构问题，他所构想的社会应当是一个靠政治制度和社会认可共同维持的德治国家。为此，笔者不把研究的重点放在释读孔子语录方面，而是试图利用政治史与思想史相结合的一般方法去探析儒家经典背后的政治文化因素。

## 二

由此，首先需要了解孔子面临的是什么样的政治文化背景。总体而言，孔子政治观形成的制度基础是商周时期的各项制度，而商周贵族利用这些制度形成的统治实质，即当时的国家性质，则是决定孔子政治观及其价值倾向的核心因素。因此，想要了解孔子的思想主张，先要弄清

---

① ［英］伯林：《两种自由概念》，刘军宁等编：《公共论丛》第 1 辑，生活·读书·新知三联书店 1995 年版，第 196—229 页。
② 《论语·颜渊上》，见程树德撰，程俊英、蒋见元点校：《论语集释》，中华书局 2014 年版，第 1054 页。
③ 《论语·卫灵公下》，见程树德撰，程俊英、蒋见元点校：《论语集释》，中华书局 2014 年版，第 1425 页。

楚商周时代的国家性质。商周时代是什么样的国家性质，处于什么样的国家阶段，近代以来学者们孜孜以求，为此付出了大量心血，也形成了大量很有价值的学术成果。比如，陶希圣先生曾用"氏族时代"指涉商周时代[①]，侯外庐先生把文明时代的氏族遗制称作"维新的路线"，认为我国早期城市国家建构于氏族制度的"废址"之上[②]，雷海宗先生则认为先秦为部民社会。[③] 受唯物史观派观点影响，1949 年以来，商周奴隶社会的主张深入人心，尽管"无奴说"在一定程度上破除了某些学术禁锢，但直到现在，学界在商周国家性质问题上仍无统一结论，相关主张可谓五花八门。有学者认为，夏朝是"我国历史上第一个统一的奴隶制中央集权的王朝"[④]；有学者认为，专制主义是"包括夏、商、周早期国家在内的古代中国国家制度的稳定的特征"[⑤]；有学者认为，"古代中国的三代王朝，实际上就是城邦联盟"[⑥]；还有学者认为，三代为"方国联盟"[⑦]，"夏商周都是方国之君"[⑧]。

除此而外，利用一些新的理论探析早期国家的形成路径及其统治实质，成为学界解决上述问题的一个新途径。德国政治学家罗曼·赫尔佐克在他的《古代的国家——起源和统治形式》一书中认为，世界文明发生史上除了经由建立城邦的道路而形成早期国家外，还有一种模式就是以贵族统治的面貌出现的早期国家形式，"这种统治类型的饶有兴味之处在于：它很可能就是国家真正的原始形态。"[⑨] 赫尔佐克认为，"贵族国家"是指单个的贵族领主拥有自己的部落国，每个部落国都有自己的

---

① 参见陶希圣：《中国政治思想史》（第一册），中华印刷出版公司 1948 年版，第 9 页。

② 参见侯外庐等：《中国思想通史》（第一卷），人民出版社 2011 年版，第 10、15 页。

③ 参见雷海宗：《世界史分期与上古中古史中的一些问题》，《历史教学》1957 年第 7 期。

④ 李学勤：《中国古代文明与国家形成研究》，云南人民出版社 1997 年版，第 369 页。

⑤ 谢维扬：《中国早期国家》，浙江人民出版社 1995 年版，第 472 页。

⑥ 日知主编：《古代城邦史研究》，人民出版社 1989 年版，第 4 页。

⑦ 林沄：《甲骨文中的商代方国联盟》，《古文字研究（第六辑）》，中华书局 1981 年版，第 91—92 页。

⑧ 苏秉琦：《中国文明起源新探》，生活·读书·新知三联书店 1999 年版，第 145 页。

⑨ ［德］罗曼·赫尔佐克：《古代的国家——起源和统治形式》，赵蓉恒译，北京大学出版社 1998 年版，第 141 页。

领土，亦即每个贵族领主都统治着一个各自为政的小国家。在这样的贵族国家里，社会分化已相当明显，产生出富裕而强大的贵族阶层，世袭掌握着统治机关。贵族领主拥有控制支配其依附者的权力，并以控制自己的"随从"作为实现其军政目的的重要工具，这种"贵族生活形式和领导形式，是人类于几千年历史中创造出来的大多数国家在它们摇篮时期的形态"①。杜勇先生根据这一理论，提出夏朝既是一个对本土进行统治的独立的贵族统治单元，又是一个代表中央政权而凌驾于万国之上、以贵族国家作为统治形式并初步具备地方二级制政区体系的早期统一国家。②事实上，学界早就有关于先秦为"贵族国家"的主张，杜正胜先生就认为，周初以下至战国以前的五百余年间，中国城邦时代的政治可称为贵族政治。③赵光贤先生也认为先秦政治既不是君主专制，也非民主政治，而是贵族政治。④当前，商周为贵族社会的学术观点越来越受到学者重视，一些研究把贵族社会与早期宗法结构结合起来，提出了颇具本土话语特征的观点。比如，刘源先生认为，最为活跃和强势的内服贵族、外服诸侯造就了商周社会结构特点的同一性，因此可称之为"贵族宗法社会"⑤。笔者也认为，商和西周时代的统治实质即是贵族政治，当时的社会可称为贵族社会，这一时期的政权组织形式亦与贵族集团的权力划分模式息息相关，即以盟誓、内外服及分封之制构成贵族联盟国家。在此国家性质及政权组织形式之下，最高统治者的统治状态可以"有限王权"加以概括。

"贵族"一词语义的内涵和外延颇为宽广，有时专指商周时期世袭政治、经济等特权的阶层，有时指古典时代的权贵家族，有时也可指涉

---

① ［德］罗曼·赫尔佐克：《古代的国家——起源和统治形式》，赵蓉恒译，北京大学出版社1998年版，第169页。
② 参见杜勇：《论夏朝国家形式及其统一的意义》及《论夏朝国家形式及其统一的意义（续）》，《天津师范大学学报》（社会科学版）2007年第1、2期。
③ 参见杜正胜：《周代城邦》，台湾联经出版事业公司1979年版，第93页。
④ 参见赵光贤：《先秦贵族政治略说》，《宝鸡师院学报》（哲学社会科学版）1989年第3期。
⑤ 刘源：《周承殷制的新证据及其启示》，《历史研究》2016年第2期。

各个时代拥有财富和教养的阶层。就第一层概念而言，称商周社会为贵族社会不会引起歧义。就第二层概念来说，把我国古代社会每个王朝都称为贵族社会似乎也是站得住脚的，尤其是与商周社会统治实质颇相类似的汉魏隋唐时代，视之为贵族社会甚或成为一种学术立论，其中，日本学界的"六朝贵族论"①颇受重视。就第三层概念来说，鉴于拥有财富和教养且居于统治地位者，在民众眼里是既得利益者，与古代的贵族并无差别，由他们统治的社会也可以称为贵族社会。尽管从概念解析角度看，基于第二、三层概念形成的认识不无道理，但是笔者认为在中国历史上，"贵族"是一个特殊阶层，主要指商周时代在其封地内拥有政治、经济、军事等独立特权的阶层，其权力合法性不仅仅来源于王权，世代为官的资格及其认定之法也并非仅仅源于最高统治者，而与其家族悠久的文化和政治传统息息相关。秦汉以来的豪族、世族、士族虽具有贵族性，且在体制上作为"势族"集团对皇权形成抑制作用，这些与商周贵族的政治地位和政制作用有类似之处，但是，其权力合法性来源不具备独立性，因此，他们称不上是真正的"贵族"，商周以下并无"贵族"。②

尽管在商周社会性质问题上存在分歧，但绝大多数学者都认为这一时期的国家形态与血缘氏族之间存在紧密联系。比如，晁福林先生就认为氏族是先秦社会的基本组织形式，是当时社会的基本细胞，氏族长期而普遍存在是影响先秦时代社会性质的主要因素。③但是，通过分析盟誓、指定服役等制度在早期国家形成与发展过程中所构造的国家权力结构的内在体系看，早期国家政治制度的内在结构是以超血缘、跨地域为其基础性结构的。换言之，我国早期国家阶段存在地缘政治因素，诸

---

① ［日］谷川道雄：《中国中世社会与共同体》，马彪译，中华书局2004年版，第61—106页。

② 李健胜：《流动的权力：先秦、秦汉国家统治思想研究》，中国社会科学出版社2018年版，第226页。

③ 参见晁福林：《论中国古史的氏族时代——应用长时段理论的一个考察》，《历史研究》2001年第1期。

多社会因素并不能都归结于血缘氏族。①笔者认为就早期国家的根本性质来说，东西方社会的差异可能并没有导致国家性质上的根本差别，商周社会发展取径的特殊性及其历史意义需要重新审视。

基于以上认识，笔者认为正如国家形成与发展的历史取径具有通约性一样，公平、理性、自由等现代性价值理念产生与发展的政治文化及制度基础也有诸多普遍性因素。

徐中舒先生曾说："孔子的思想是从家族公社的实际出发，最后达到原始公社的理想境地。"②如果把徐老所说的"家族公社"理解为氏族色彩甚浓的贵族时代，那么孔子的理想就是恢复贵族时代黄金期的礼制。孔子生于乱世，与那个黄金期无缘，但是这个乱世脱胎于贵族社会，孔子承续的是贵族时代的文化，他所遵从的精神法则也来自这个贵族社会。基于这一点，笔者拟从《论语》所见春秋中后期的政治、学术及社会生活出发，去揭示先秦贵族政治及其文化传统对孔子政治观、学术活动、社会生活等的作用与意义，进而剖析蕴含其中最为宝贵的精神内涵。

在既定秩序中寻找公平、理性、自由的维度或可能，是笔者阐释孔子思想的一个视角，事实上，这与孔子基于商周贵族社会及其文化传统构造思想图景的基本方式在方法论上有一致之处。从思想倾向角度看，孔子试图恢复周礼的观念与举措，无论如何是保守的。何炳棣先生认为儒家的宗法模式渗透至其宇宙本体论之中，而宗法是民主的悖反③，这等于认定儒家思想与现代社会理念完全不合拍。笔者认为观念上的保守并不意味着孔子政治理念不具有超越性，或者说只能服膺于儒家的宗法理念而无法具有超越时代的思想动能。何炳棣先生自己也认为孔子的认识论坚持绝对诚实的原则和知识必具可证实性，是位朴素的实证主义

---

① 参见李健胜：《流动的权力：先秦、秦汉国家统治思想研究》，中国社会科学出版社2018年版，第6—22页。

② 徐中舒：《徐中舒先秦史讲义》，天津古籍出版社2008年版，第157页。

③ 参见何炳棣：《何炳棣思想制度史论》，中华书局2017年版，第410页。

者，因此，孔子远较宋明和当代新儒家容易与现代合拍。[①] 孔子的政治观实质上是其认知论在政治领域的表现，也是仁爱理念的表现形式之一，仁爱理念虽起源于宗法，但它完全超越了一般意义上的血缘关系，是儒家思想具有超越性的一个典型。如若认为儒家不能摆脱宗法，那么就不可能有仁爱思想的存在，且"孔子治国思想的关键不是权力，而是礼制和谐"[②]。从这个角度讲，孔子思想总体上并不完全受制于"宗法基因"，其思想观念与现代性思想潮流之间的契合性是不容否定的。

三

孔子是一位不满现实的智者，今不如昔是他最鲜明的时代感受，他也代表了那个大变革时代的独特人文动态。当铁器的使用、氏族的松动、权力的集中等因素正在造就一个新的社会秩序之时，试图从旧有传统中找到控御新秩序的人文因素，似乎有逆潮流而动的意味。然而，正是这种独特的人文动态最能深刻地显示出人类在精神价值领域的坚守态度。更有意味的是，历史的进步往往是由那些认为今不如昔的人们推进的，孔子的言行未必契合于时代的变化，但他尊奉的先秦贵族政治及其文化传统中蕴含着的现代性理念，是最为宝贵的文化传统，也是推动中国社会发展的主要精神力量。

孔子的学术活动和当前考察孔子的学术活动都可以看作是在变革时代的大背景下，追寻传统精神资源及其意义的学术工作，两者之间甚至可以形成既合又分、既分又合的旋涡般的学理关系，把两种学术活动中都存在着的对传统抱有敬意和对当下充满关切的人文关怀，归结于传统价值体系的当下处境，既能体现出孔子学术活动的价值，也能表达出笔者研究的目的所在。

---

① 参见何炳棣：《何炳棣思想制度史论》，中华书局 2017 年版，第 43—44 页。
② ［法］程艾蓝：《中国思想史》，冬一、戎恒颖译，河南大学出版社 2018 年版，第 73 页。

　　为了将商周贵族社会及其文化传统延续下去，孔子举一生之力培养"君子"。统观《论语》，孔子培养学生的目的在于养成"君子"，这在很大程度上决定了孔门学术活动的基本内容、具体形式及其价值取向。孔子后学在学术理念、价值追求等方面的不同主张，使得孔子培养君子的学术目标与孔门学术思想的多元化之间形成有趣的张力，孔子教育思想的基本特质在于精英教育，而这又在很大程度上影响着孔门学术活动及弟子们的人格养成。王汎森先生认为，人类"思想像微血管般遍布于社会，有些地方比较稀疏，有些地方则非常浓密"[①]。孔子在世时，他的思想并没有真正注入社会的微血管，两汉以来，其思想主张不仅进入人们的日常生活，且产生巨大影响。时至今日，中国人的问题意识和思想场域仍离不开孔子。其中，孔子的学习观、贤人观及对教育目标的定位等，所产生的影响可谓深远，不仅波及当下，也会持续地影响后世。

　　考察孔子学术活动过程中，笔者首先明确地感受到时代发展的不可逆，尤其是在大变革时代，社会发展的趋势对生活在当时的人们产生的影响是十分巨大的。正如当下中国一样，一旦遭遇了现代化，必须和世界走在共同的路上，所面临的现代化具有全球性和普遍性，这是无法否认也无法回避的。当以现代性价值理念为基础，以人类主体为核心的现代意识形态还未完全得以落实时，中国人普遍面临的则是后现代思想观念的冲击，以及传统文化回归带来的挑战，这使得中国人的现代性情结、想象、批判复杂地纠缠在一起，出现理念迷失、信念混乱等思想情状。在如此复杂的意识形态环境之中，如何接续古人的智慧，或者说顺着古人的智慧找到指导社会发展的观念出口，不失为建构现代性并防止现代性单质化、平面化的一个路径。尽管传统文化的延续性是一种客观现象，但笔者并非据此来确认包括孔子思想在内的儒家传统的现代价值，也不想陷入路径依赖的方法论中不能自拔。事实上，孔子学术活动

---

① 王汎森：《思想是生活的一种方式：中国近代思想史的再思考》，北京大学出版社2018年版，第2页。

及其思想内涵的意义不在于如何在新时代复制它们，而在于通过回顾、反思甚至批判来丰富我们的人文意识。

对笔者而言，这种回顾、反思甚至批判的考察过程，实际上是对某种历史记忆的梳理，且这种梳理是以文本分析的方式展开的。《论语》是研探孔子思想的首选材料，是以师生对话为形式阐述自己的观点，尽管不能全面反映孔子思想，但能代表孔子即时的、理想的一面。记录孔子话语的文本较多，尤其是郭店简、上博简的公布，使得由七十子转述或假托孔子形成的文献都被看作是研究孔子思想的材料。因此，在 21世纪初期，有关孔子历史记忆的清整工作似乎迎来了前所未有的机遇，利用出土文献研究孔子思想似乎也成为一种学术时尚。笔者认为，七十子转述孔子话语的现象是存在的，但是，郭店简、上博简及《礼记》《孟子》《荀子》等所见孔子语录是否都出自孔子之口，这是值得认真反思的一个问题。从海昏侯墓出土《礼记·曲礼上》"大上贵礼，其次务施报"[①]一句今本作"太上贵德，其次务施报"看，战国秦汉时期文本改作可能是一个较为普遍的现象。鉴于此，笔者把历史记忆的清理落实于对孔子学术活动的阐释方面，不追求文献的全面占有和孔子学术活动的编年式整理上。《论语》也记录了孔子弟子的一些话语，反映出他们鲜活、生动的个性和旨趣，《论语》因此成为儒家群体的文本集合，笔者的研究因此也涉及孔子弟子的学术活动。总体上讲，孔子学术活动注重人的内在体验，意在展示或弘扬个体道德意愿的价值和意义，这是中华文化的正脉，也是中华文化的精神标识。当然，流传久远的思想规划必定是制度性的，且与社会生活的方方面面都产生联系，因此，个体内在道德自觉的现实意义往往受到诸多因素的限制，其社会价值的具体方面也须以平常心视之。总之，放宽回顾、反思、批判的视界，能帮助笔者深入阐发蕴含于《论语》中的一些现代性理念。

---

① 江西省文物考古研究院、北京大学出土文献研究所、荆州文物保护中心：《江西南昌西汉海昏侯刘贺墓出土简牍》，《文物》2018 年第 11 期。

　　相对而言，学界对《论语》所见春秋中后期的社会生活关注较少，研究成果不多，利用《论语》研探孔子及其弟子、当时平民的社会生活、《论语》里的文学世界等应当具有一定的创新性。从孔子的交友之道与交友生活看，孔子的言论与其行为之间有时呈现较大的差异，说明人类的行为有时取决于外在的社会环境，以及生活自身的特点，这些因素可能比思想理念本身对人的影响更为直接，而后世儒家提倡的"知行合一"，一定程度上忽视了思想理念与人类生活之间复杂而微妙的关系。

　　阐释《论语》自然会涉及孔子评价问题，这更是一个难以获得一致意见的话题。孔子曾是"至圣先师"，近代以来地位一落千丈。当前，中国人对孔子的评价往往呈两极分化，赞美者过于溢美，斥责者过于刻薄。在西方学界，大概是从黑格尔始，似乎更愿意把孔子还原为思想平常、人生失败的普通人。比如，法国汉学家程艾蓝说："与印度或古希腊的同时代人不同，孔子既不是某一哲学体系的哲人，也不是某一灵修派或宗教的创始者。乍看起来，他的思想不可谓不平常，他的教导也尽是些浅显易懂的话语，甚至他本人也觉得其一生差不多是失败的。"[1]事实上，评价孔子不仅要评判他个人，也要关注孔子身份及其文化意义的历史层累性，尤其应深入解析孔子在建构中华文化精神特质方面的作用和贡献。柳诒徵先生云："孔子者，中国文化之中心也。无孔子则无中国文化。"[2]笔者深以为是。孔子和《论语》都是现代中国的历史基础，结合现代性理念的学术研究不应当轻视、脱离自身文化的优秀传统，同时也应当超越时代风潮，深入剖析所面对的学术问题和时代话题。

---

① ［法］程艾蓝：《中国思想史》，冬一、戎恒颖译，河南大学出版社 2018 年版，第 62 页。
② 柳诒徵：《中国文化史》，中华书局 2015 年版，第 391 页。

# 第一章 《论语》所见春秋中后期的政治

## 第一节 先秦贵族政治：孔子政治观的来源及其现代价值

一般都认为孔子政治观的核心范畴是"礼"，实现"礼"的途径主要在于个体修身，即以高超的道德觉悟、知识修养及积极的参政意识来控御权力，这是君子的基本素养。个体修身关乎人的内在，儒家的心性思想从个体修身角度来思考儒生与国家管理、社会控制之间的关系，近现代学者也多依据儒家心性思想来阐释孔子政治观的现代价值。面对后现代主义思潮的冲击，试图以儒学疗救时弊者仍然坚持教化君子，使他们由"天道"获得道德义务和伦理勇气，运用"仁""义"等自我技术，将自我真理的获得与伦理自我的转化结合起来，成为反抗权力的道德主体。①

当现实的社会规范和社会体制以人类情感的凝聚和沟通为实现途径时，人类自身的存在价值得以张扬，人的主体性以君子这一社会群体的养成和扩充得以彰显。不过，吊诡的是，对君子参政的认同和接受史似乎与孔孟理想的失落史一样久远，这不得不让人怀疑《论语》的经典化是否在一定程度上代表着它所承载传统的消亡。或者说，除了对内在心

① 参见王苍龙：《重回道德主体：福柯与儒家现代价值》，《天府新论》2016 年第 3 期。

理动能的开发和利用之外，君子人格的形塑史上是否存在一个曾经制度化了的历史传统，是否基于这个历史传统才真正形成君子认同并接受孔子之道的精神基础。孔子在建构其政治观的思想理路时，除了向内追索外，有没有外在的制度来源？为解答这些问题，笔者拟利用制度思想史研究方法，分析先秦政制中的权力关系，解析孔子所秉持的"礼"之制度内涵，从而探究心性思想之外孔子政治观的来源及其现代价值。

## 一、孔子政治观的制度史背景

如果说"儒家非中央集权的，个人化的和父家长式的统治"[①]源于商周社会的政制传统，那么，商周国家权力的分散性既是一个客观事实，也是一个被儒家理想化了的权力图景。商周政制的起源与特征往往与"民本"思想、封建政体相关联。常金仓先生认为早期氏族首领通过自苦其身、博施于人而获得拥戴，从而形成王权权威的源头，三代国家皆以民本主义作为统治基础。[②]李峰先生认为西周建构起以血缘关系为基础的地方诸侯体系，王畿内部的管理则依靠的是一个规模有限的官僚机构，加之以压倒性的王师军事力量为后盾，使其统治在特殊历史环境下获得巨大成功。[③]宁镇疆先生认为，在"民本"思想影响下，相对于"权力"义，"责任"义才是中国早期王权需要优先关注的问题，这也是对君王权力的现实制约。在商周的政治技术中，君与臣为匹耦关系，有一定的平等性；其他如设官分职、谏官在政治决策中的地位等方面，都构成对王权的分疏，故这时的王权只能是"有限"的，远达不到"专

---

① ［美］狄百瑞：《东亚文明：五个阶段的对话》，何兆武、何冰译，江苏人民出版社 2012 年版，第 14 页。

② 参见常金仓：《二十世纪古史研究反思录》，中国社会科学出版社 2005 年版，第 218、258 页。

③ 参见李峰：《西周的灭亡——中国早期国家的地理和政治危机（增订本）》，徐峰译，上海古籍出版社 2016 年版，第 299—300 页。

制"的水平。① 商周王权的有限性是一个颇为复杂的问题，强调其"有限"会忽略其中的"专制"因素，强调其"专制"会弱化其"有限"的事实。实际上，商周国家存在一个相对稳定的权力中心，商周贵族的集体政治总体上拥有共同的治理目标和管理实践，尽管这个权力中心在统治技术上达不到"专制"，但共同的治理目标和管理实践致力于确保王权的至高无二。从历史影响看，源于商周王权政制的专制因素不断扩充，成为两千多年来中国政制的核心内涵，而反映"有限"王权的制度体系则保障了商周政制的有效实施，并对包括孔子在内的春秋战国诸子的政治理念产生深远影响。

在先秦贵族社会，盟誓、内外服、分封制等制度是贵族统治的主要实现方式。《礼记·曲礼下》云："约信曰誓，莅牲曰盟。"孔颖达疏："'约信曰誓'者，亦诸侯事也。约信，以其不能自和好，故用言辞共相约束以为信也……盟者，杀牲歃血，誓于神也。"可见，盟誓以宗教仪式形式展开，是习俗转化为国家治理制度的一个典型。从历史发展过程看，盟誓制度经历了肇兴（夏商及其以前）、形成（西周）、成熟（春秋）到衰落（战国）的历史演变过程，跨越了整个先秦时代，对当时社会的政治、经济、文化等各方面均产生了较大影响。② 《左传·哀公七年》载，"禹合诸侯于涂山，执玉帛者万国"。《国语·鲁语下》云："防风氏后至，禹杀而戮之。"盟誓无疑是大禹运作权力、建构国家的制度保障。甲骨卜辞不仅记载了作为祭祀活动的"盟"，也有关于会盟活动的"盟宫""盟室""盟子""盟册"等的记载，说明商代也有体系较为完备的盟誓制度。③ 西周时期，盟誓制度在国家权力运作过程中发挥着更为重要的作用，周武王伐商前有"孟津之誓"④。周初，盟誓制度与封土建国相结合，典型地体现出周初统治者权力运作的具体方式。平定"三

---

① 参见宁镇疆：《中国早期"民本"思想与商周的有限王权》，《人文杂志》2019 年第 1 期。
② 参见李模：《试论先秦盟誓制度的历史功用》，《天府新论》2001 年第 1 期。
③ 参见李雪山：《商代分封制度研究》，中国社会科学出版社 2004 年版，第 282—285 页。
④ 《左传·昭公四年》，见杨伯峻：《春秋左传注》，中华书局 2009 年版，第 1250 页。

监"之乱后，"周公为盟"①，让受封诸侯发誓效忠周天子，如分封康叔时，"命以《康诰》而封于殷虚"；分封唐叔时，"命以《唐诰》而封于夏虚"②，这说明周天子与诸侯共治天下的政治结构中，盟誓制度居于重要地位；西周不仅有盟誓活动，还将盟誓载书"藏在盟府"③，表明当时已有专门管理盟书的机构。此外，西周还有立约盟誓和法律诉讼盟誓，盟誓制度是调节各种社会关系的重要手段。④

从甲骨卜辞看，商时已有明确的服制，从具体服役方面看，当时的一些农业氏族专门为商王服役，卜辞所载"圣田"是为王开垦土地，"尊田"是为王除草、垄田。还有一些氏族专门为商王挽车、推辇或奏乐，卜辞称之为"致众步""呼众人步""奏步"，反映了商王对农业氏族的剥削、奴役。⑤《尚书·酒诰》记载了商代的内外服制，其文曰："越在外服：侯、甸、男、卫邦伯；越在内服：百僚、庶尹、惟亚、惟服、宗工，越百姓、里（居）[君]：罔敢湎于酒。不惟不敢，亦不暇。"周初青铜器铭文亦载之，康王时期《大盂鼎》铭文云："我闻殷述（坠）令（命），唯殷边侯、田（甸）雩（与）殷正百辟，率肄于酉（酒），古（故）丧师。已（矣）！"⑥周承殷制，也实行内外服制。传世文献载有诸侯向周天子服役的诸多事实，《左传·襄公二十五年》载："昔虞阏父为周陶正，以服事我先王。我先王赖其利器用也。"《国语·晋语八》载："昔成王盟诸侯于岐阳，楚为荆蛮，置茅蕝，设望表，与鲜牟守燎，故不与盟。"《史记·秦本纪》云："非子居犬丘，好马及畜，善养息之。犬丘人言之周孝王，孝王召使主马于汧渭之间，马大蕃息。"综合相关

---

① 《史记》卷一三〇《太史公自序》，中华书局1959年点校本，第3308页。
② 《左传·定公四年》，见杨伯峻：《春秋左传注》，中华书局2009年版，第1538—1539页。
③ 《左传·襄公十一年》，见杨伯峻：《春秋左传注》，中华书局2009年版，第994页。
④ 参见雒有仓：《论西周的盟誓制度》，《考古与文物》2007年第2期。
⑤ 参见彭邦炯、宋镇豪：《商人奴隶制研究》，载胡庆钧主编：《早期奴隶制社会比较研究》，中国社会科学出版社1996年版，第133—137页。
⑥ 《大盂鼎》（02837AB），见中国社会科学院考古研究所编：《殷周金文集成》（修订增补本）第二册，中华书局2007年版，第1517页。

资料可知，在天子王畿之地拥有封邑的公、三有事等执政贵族构成内服；周的外服体系的主体亦为侯甸、侯甸男。外服体系中，"侯"的地位及其担负的军事职责最为重要，是屏卫王室、开拓边域、镇守封疆的主力，归顺周王室的商代之侯，边疆方国、部族君长也基本纳入外服体系，一些有王室卿室、西垂大夫的国君一般称为"公"，其地位低于"侯"，和商代一样，西周外服诸侯的真实体系是侯、甸、男、卫、邦伯。[1]

分封制也是商周贵族国家实现统治的重要制度保障。商代就有分封诸妇、诸子、功臣等的制度。[2]西周的分封传统甚为悠久，早在周文王时就很重视以分封之制扩展周人土地，尤其重视对异姓贵族的任用、分封。周武王克商后，曾分封邶、鄘、卫而设立"三监"，当时，身居要职的召公、毕公、荣伯等人的封邑都在王畿之内。[3]北京房山区琉璃河遗址出土的《克盉》铭文记载了成王分封燕侯时的誓词，"王曰：太保，唯乃明，乃鬯享于乃辟，余大封。乃享，令克侯于匽。"[4]这些材料证明成王时分封之制仍在延续。

从贵族国家利用上述制度实施统治的历史过程看，这些制度的内在结构与两大统治集团有关：一是以夏王、商王及周天子为代表的王室集团，二是以各级贵族为代表的贵族集团。二者之间首先是合作关系，共同构成当时的统治集团，王室集团实质上也是贵族集团的组成部分，唯其处于权力的最顶峰，是最高统治者，因而与一般意义上的贵族还是有较大区别。王室集团由夏王、商王、周天子为最高权力代言者，其权力体系可称为"王权"。贵族集团是个复杂、庞大的统治集团，商周时期，封国、方国首领构成的诸侯集团是贵族集团的核心力量，他们直接听命

---

[1] 参见刘源：《"五等爵"制与殷周贵族政治体系》，《历史研究》2014年第1期。

[2] 参见胡厚宣：《殷代封建制度考》，载《甲骨学商史论丛初集》（第一册），齐鲁大学国学研究所专刊1944年。

[3] 参见杨宽：《西周史》，上海人民出版社1999年版，第373—374页。

[4] 《克盉》（942），见刘雨、卢岩编著：《近出殷周金文集录》（第三册），中华书局2002年版，第416页。

于王室，与王权构成上下、内外的权力结构。诸侯之下由卿、大夫、士等阶层组成的基层贵族集团，他们以逐级分封的形式获得土地、人口，也以逐级服从的形式与上一层贵族构成利益集团。王室与贵族集团之间也存有相互制约的关系，诸侯一级的贵族权力须经王权认可或封授，而诸侯拥有其封国内相对独立的军政权力及经济生活，从而制约着王权在地方上的影响力。即使在王畿之地内，公卿封地也具有较高的独立性，王的权力也受到限制。相应地，各级贵族的权力也由逐级分封而受到下一级贵族的制约。总之，先秦贵族国家阶段的权力结构可归纳为"王权—贵族"权力体系。①

首先，王权是"王权—贵族"权力体系的核心，也是规导这一权力体系的主要力量。《荀子·正论》云："令行于诸夏之国，谓之王。"这是以王与诸侯之间的权力关系为基准对"王"的概念进行的界定，而王权可以界定为最高统治者"王"及其家族、家臣等共同构成的一个权力结构，亦可称为王室集团。其次，各级贵族是构成"王权—贵族"权力体系的中坚力量。中国早期国家阶段贵族阶层的主要特征在于其军政权力的相对独立与累世继承，这一阶层是一个特殊的历史存在，因为能够有如此特权的贵族阶层只存续于早期国家阶段，后来逐步发展为"世卿世禄"之制，战国时代的诸国改革往往以消灭"世卿世禄"为其目标，秦汉以来，先后形成富有贵族性的豪族、士家、世家及门阀阶层，他们虽也有封爵、任子等特权，但其政经权力的实质与先秦贵族不可同日而语。换言之，中国只有一个贵族时代，那就是先秦时代。中国早期国家阶段的贵族及其合法性建构往往是相对独立的，其政治、经济方面的权力一方面来自本身悠久的氏族传统，另一方面也需经过时王确认，因而不具有完全的独立性。最后，"王权—贵族"权力体系之所以是早期国家阶段政治制度的内在结构，主要是因为这一权力体系左右着整个国家

① 参见李健胜：《流动的权力：先秦、秦汉国家统治思想研究》，中国社会科学出版社2018年版，第17—28页。

的权力运作，这一权力体系构成的上下、内外权力关系是分配土地、人口等社会资源的权力准则，也是划分政治、军事诸权力的核心原则。总之，先秦时期，各级各类贵族把持着国家大权[①]，无论是与夏王有盟誓关系的部族首领，还是在"复合制国家结构"[②]中臣服于商王的方国首领，抑或是获得分封的西周诸侯，他们在地方上都拥有政治、经济及文化上的相对独立权，在与王权长期共存的历史进程中，贵族阶层在政治特权的护佑下形成了适合自身存续发展的思想观念和文化传统。

孔子认为三代之制因循而成，至周公制礼作乐时，周礼蔚然大观。他不仅服膺于周礼，且把重构春秋社会政治秩序的希望寄托其中，时常引用古代贤王故事来表述己见。尽管不能否认孔子思想代表着春秋中后期的"哲学突破"，但其政治观反映出先秦政制的延续性，且这一延续性具有一定的路径依赖。

如果把先秦政制的延续性仅仅归结于西周灭亡后华夏族群的文化传播和精神凝聚，那么就有可能忽略先秦政治制度在春秋乃至战国秦汉的持续性影响。以盟誓制度来说，春秋时代天子与诸侯、诸侯之间及其他类型贵族之间存在大量盟誓。从《左传》记载来看，既有因盟誓制度的延续使混乱时局得以暂时安定的情况，也有因盟誓制度发生变异，出现"弃盟""背盟""复盟"等的各种情况。反复无常的盟誓活动生动地印证了春秋时代政治格局的变幻无常和社会秩序的混乱无序，以致后世有"苟信不继，盟无益也"[③]的感慨。然而，盟誓制度在调节各种政治关系过程中仍发挥作用的事实是无法否定的，这一制度从礼俗形态向礼法形态的发展恰恰也定型于春秋时期。

如果把孔子对往世先贤的尊奉都理解为他所建构的内在德性的历史参照的话，那么有可能看轻了路径依赖对孔子政治观形成的具体作用。事实上，从孔子有关重建政治秩序的语录看，他所要从事的政治活动基

① 参见沈长云：《中国历史 先秦史》，人民出版社 2006 年版，第 170—178 页。
② 王震中：《论商代复合制国家结构》，《中国史研究》2012 年第 3 期。
③ 《左传·桓公十二年》，见杨伯峻：《春秋左传注》，中华书局 2009 年版，第 134 页。

本上依循如何重建分封制为基础的政治秩序而展开的，他既未丢弃政制传统另辟蹊径，也未忽视集权政治力量逐步壮大的事实。因此，可以说孔子无法完全摆脱过往历史事件对他的影响，也无法完全克服他的时代，相反，孔子热衷于循着古人的智慧为他所处时代的人们找到确保社会安定的切实出口。正是基于这一点，与古人智慧密切相关的先秦政制的具体内容就成为其政治观的制度史背景。

总体来看，这个制度史背景的核心内容是周礼，而周礼在春秋时期仍在延续的事实是孔子政治观得以确立的现实基础，其在延续过程中出现的变异则是孔子政治观面临挑战的缘由。从这个角度看，春秋是一个新旧交织的时代，旧的政治因素仍在延续，新的政治制度虽有苗头但未成体系，尤其值得注意的是，一些新的政治因素为传统宗法血亲关系所收摄，这使得权力结构发生了变化，但其面对的问题没有发生根本转化，代表"王权"者总是要面对一个强大的贵族集团，权力体系总体上处于新旧交织的状态，并未发生新旧交替的革命性变化。[①] 正唯如此，新旧交织的时代意味着旧的文化传统仍在延续，与之相关的制度体系仍在发挥作用，而一旦出现新旧交替，意味着古典时代的终结。

基于以上的理解，笔者认为孔子政治观的制度史基础是他所生活时代的组成部分，在这个制度史背景之下展开的理论思索及政治实践一定程度上确保了古典政治制度所蕴含着的人类智慧的继承和延续，也为人类迎接时代挑战提供了基于历史合理性的精神依赖。换言之，孔子之学在迎接时代挑战方面不仅有心性之学为其心理动能，也有基于贵族政治的制度史背景为其思想蓝本。

---

① 参见李健胜：《流动的权力：先秦、秦汉国家统治思想研究》，中国社会科学出版社2018年版，第60—61页。

## 二、贵族政治与孔子政治观的展开

春秋时代，先秦贵族政治逐步崩坏，配合集权统治的诸多制度因素也逐步瓦解着贵族社会的根基。从商周贵族政制自身的发展轨迹看，贵族集团内部的张力和冲突是导致其统治格局瓦解的主因。其中，西周中期以来周天子试图突破周礼的限制，在更广阔的地域和更多的领域实施直接统治，这使得各级贵族受到空前压力，自身的统治基础也因此遭到破坏。诸侯及畿内封君获封的土地系世袭罔替的不动产，且应当因功劳而持续获得封赏，而事实上周天子新获土地有限，持续不断的封赏土地难以为继，这种封赏方式本身是一种"自杀式"的国家管理方式，一旦把土地收回或改封他人显然会极大地触动各级贵族的利益。[①] 当维系周礼的政治体制偏离正常轨道之时，其凝聚统治力量并创造社会基础的功能就会下降，即作为一种社会机制，周代贵族社会及其政体的有效性丧失，从而出现贵族统治的合法性危机。

不过，春秋时期维持贵族政治的社会基础并非全然消失，当时，贵族大家族的人群凝聚功能仍在持续，血亲家族仍是重要的社会组织，"各国的国君虽然统一境内，大权虽已在握，但因一切的行政必须经由士族出身的官吏之手，政府的高位必须由世卿之家的子弟占有，士族与世卿对于君权有形无形间是一个很大的牵制力量，春秋时代的诸侯绝不是专制独裁的国君……全民在国君前一律平等，平等的受国君的统治"[②]，且"平民总是千方百计设法追随贵族的"[③]。一些贵族世家无论在政治领域，还是文化领域，仍有很大的影响力，正如吕思勉先生所言："然贵族亦非积有根柢，不能有所成就，王官专理一业，守之以世，岁

---

① 参见李峰：《西周的灭亡：中国早期国家的地理和政治危机（增订本）》，徐峰译，上海古籍出版社 2016 年版，第 99 页。

② 雷海宗：《春秋时代政治与社会》，载《伯伦史学集》，中华书局 2004 年版，第 278 页。

③ 雷海宗：《中国的家族》，载《中国文化与中国的兵》，商务印书馆 2014 年版，第 55 页。

月既久，经验自宏，其能有所成就，亦固其所。"①正唯如此，新兴社会势力想要短时间内取代旧有贵族集团并非易事。更为关键的是，贵族社会长期孕育出的文化传统，不仅对新时代的文化建构起着重要作用，还成为一种精神文化传统，为人所继承、弘扬，这方面，孔子是位典型的代表人物。

孔子服膺于先秦贵族政治传统，其政治观的主要方面即是基于先秦贵族政治传统的思想阐发，其施政的目标在于恢复贵族政治传统。孔子云："君君，臣臣，父父，子子。"②这是对先秦贵族政治及其政治智慧的最高概括，也是这一政治体制的理想状态。具体来说，孔子所尊奉的贵族政治是一个君臣父子关系得以稳定而有序实施、舒展的理想统治境界，在这一政治体制中，最高统治者作为"共主"，得到贵族集团的爱戴、拥护，贵族集团在其封地内的统治权也得到最高统治者的承认、保护。无论是国家层面上的分封，还是贵族集团家族内部的伦理秩序，都具有充分的合法性，且维持着彼此承纳、相互依存的关系。孔子的这一政治观是建构于他深厚的历史洞察基础之上的，他曾说："殷因于夏礼，所损益，可知也。周因于殷礼，所损益，可知也。其或继周者，虽百世，可知也。"③所谓"损益"，即是新旧制度体系的继废并举，这是历史的本相，也是制度文明得以传承的根本。统观夏、商、西周的统治实质及其实现统治的基本方式，的确如孔子所言，往往是后世"因于"前代，从而在统治方式上保持着稳固的延续性。《上博简·孔子诗论》中也有既注重国家利益，亦维护贵族自治的思想遗存。《孔子诗论》第8号简所载《小弁》《巧言》"言谗人之害也"④，第10号简所载"《绿衣》

---

① 吕思勉：《先秦史》，江苏人民出版社2014年版，第409页。

② 《论语·颜渊下》，见程树德撰，程俊英、蒋见元点校：《论语集释》，中华书局2014年版，第1104页。

③ 《论语·为政下》，见程树德撰，程俊英、蒋见元点校：《论语集释》，中华书局2014年版，第165页。

④ 马承源主编：《上海博物馆藏战国楚竹书（一）》，上海古籍出版社2001年版，第136页。

之思"①，第 17 号简所载《将仲子》"之言不可不韦（畏）也"②，第 27 简
《人之》怨子"③，都表达了言诗者既称道重国家、思社稷，也颂扬、维
护父子、兄弟之情的观念。《上博简·中弓》载，"雍，古之事君者，以
忠与敬"④，孔子指示仲弓以"忠与敬"事君。这说明，孔子尊奉先秦贵
族政治的思想主张在其身后仍在传续。

春秋初期，各国最高权力的实际拥有者是诸侯，而贵族自治权的秉
持者则是诸卿。随着公族、诸卿权势的上升，到后来，诸侯权力往往
被他们架空，出现诸卿掌握国家实权的局面。卫献公十八年（鲁襄公
十四年，公元前 559），孙林父联合宁殖发动政变，驱逐卫献公。后来，
流亡在外的献公派公子馎联系甯，并许诺"苟反，政由甯氏，祭则寡
人"⑤。这句话生动地展现了诸侯与诸卿间权力划分的真实情况。鲁国由
公族掌握国政，季、孟、叔三家渐收公田为私有，于鲁襄公十一年三家
各占一军，实质上已三分公室。鲁襄公二十九年（前 544），季氏乘襄
公朝楚取下地为私邑。鲁昭公时，三家瓜分军赋，使鲁君只保留个虚名
和一部分民赋。昭公二十五年（前 517），昭公起兵攻打季氏，季氏联
合孟、叔两家把昭公逐出国。⑥针对鲁国"三桓"架空鲁公权力的政治
现实，孔子试图利用参政机遇削弱"三桓"，以强化鲁公之权。尽管他
的尝试很快以失败告终，自己落得个"诸侯害之，大夫壅之"⑦的下场，
但是从中可以看出孔子对鲁公的政治期许不仅仅是恢复名义上的"共
主"地位，而是试图通过强化公室权力为恢复"圣王"传统奠定政治

① 马承源主编：《上海博物馆藏战国楚竹书（一）》，上海古籍出版社 2001 年版，第
　 139 页。
② 马承源主编：《上海博物馆藏战国楚竹书（一）》，上海古籍出版社 2001 年版，第
　 146 页。
③ 马承源主编：《上海博物馆藏战国楚竹书（一）》，上海古籍出版社 2001 年版，第
　 157 页。
④ 马承源主编：《上海博物馆藏战国楚竹书（三）》，上海古籍出版社 2003 年版，第
　 278 页。
⑤ 杨伯峻：《春秋左传注》，中华书局 2009 年版，第 1112 页。
⑥ 参见童书业：《春秋史》，上海古籍出版社 2003 年版，第 239 页。
⑦ 《史记》卷一三〇《孔子世家》，中华书局 1959 年点校本，第 3297 页。

基础。

当诸侯的集权意志伤害到诸卿在地方的自治权时，孔子则站在诸卿立场上，要求诸侯实施地方自治。楚国北扩至蔡地，以县制对蔡国遗民实施集权统治，叶公屯戍于蔡，力图实施楚王集权之志。他声称"吾党有直躬者，其父攘羊，而子证之。"意谓楚王集权政制已然取代了贵族在地方上的自治权，孔子回应道："吾党之直者异于是：父为子隐，子为父隐，直在其中矣。"[①] 这说明，当最高统治者超越"共主"所拥有的权限，摒弃"圣王"传统试图把集权意志强加于地方时，孔子主张维护贵族自治权，孔子与叶公关于"亲亲相隐"的论争则是两种体制在司法领域对峙的集中凸显。[②] 孔子云："君子和而不同，小人同而不和。"[③] 历代注家往往从"君子"与"小人"道德禀赋不同角度解释之，实际上，"和而不同"是先秦贵族政治所蕴含着的文化传统的总结，《左传·昭公二十年》载有晏子对"和"与"同"的看法，透露了前诸子时代对贵族政治传统的认识，他说："君所谓可，而有否焉，臣献其否，以成其可。君所谓否，而有可焉，臣献其可，以去其否。"显然，晏子认为"同"为阿谀，"不同"才能产生"和"。进而言之，"和"是对王权的尊奉、肯认，"不同"同是贵族在政治上的坚守，"君子"尊奉王权，但也要坚守其本分。如若这一观念与地方自治权联系到一起，那么，"不同"可理解为对地方自治权力的坚守。进而言为，"君子和而不同"亦可理解为：如若国家权力的集权意志与"君子"的政治主张发生矛盾，孔子主张"君子"以自身高超的学识、道德及参政能力，去控御权力，从而使自身的人格及精神保持相对的独立。

事实上，西周中后期以来，王权成为政治上的惰性体，其"共主"

---

① 《论语·子路下》，见程树德撰，程俊英、蒋见元点校：《论语集释》，中华书局2014年版，第1189—1192页。

② 参见王晨光：《楚国北扩地缘政制问题与"亲亲相隐"公案新解》，《中国历史地理论丛》2016年第2期。

③ 《论语·子路下》，见程树德撰，程俊英、蒋见元点校：《论语集释》，中华书局2014年版，第1205页。

地位的真实情境及其所附载的"圣王"传统沦为明日黄花，在礼乐崩坏的时代成为历史绝响。孔子生活的时代，各类贵族集团也成为惰性体，在相互倾轧的过程中，使政治失序，道德沦丧。不过，在集权政治渐成时代趋势之时，孔子对贵族地方自治权的维护，成为抗御集权统治的一种精神指标。战国时期，贵族力量尚较强大的楚国已然传播着孔子的上述主张。《郭店楚简·语丛三》载，"父亡恶，君犹父也，其弗恶也，犹三军之旋也，正也。所以异于父，君臣不相在也，则可已；不悦，可去也；不义而加诸己，弗受也。"① 在《语丛三》作者看来，君犹父，皆是"亡恶""正也"，但君臣关系是一种有条件的社会关系，如"不相在""不悦"，且"不义而加诸己"，意思是说可以脱离这种关系；父子关系"非有为也"②，即父子之爱是一种源于血亲的伦理关系，是无条件的。《郭店楚简·语丛一》中也有类似的观念，作者强调君臣为尊（厚义薄仁，有尊无亲），父子为亲（厚仁薄义，有亲无尊③），认为"君臣、朋友，其择者也。"④《郭店楚简·六德》把这一君臣、父子观念总结为"为父绝君，不为君绝父。"⑤ 如若"君臣"代表着国家的集权意志，那么"父子"显然就是贵族集团地方自治权的体现，如若因前者的集权意志使后者利益受损，就要站在诸卿的立场上，维护地方分权。⑥春秋时代的政治现实，不仅仅表现在诸侯集权意志对诸卿自治权的伤害，也表现在诸侯僭越礼法，架空诸侯甚至取而代之。孔子曰："天下

---

① 《郭店楚简·语丛三》，见荆门市博物馆：《郭店楚墓竹简》，文物出版社1998年版，第209页。

② 《郭店楚简·语丛三》，见荆门市博物馆：《郭店楚墓竹简》，文物出版社1998年版，第209页。

③ 参见李零：《郭店楚简校读记（增订本）》，中国人民大学出版社2007年版，第217页。

④ 《郭店楚简·语丛一》，见荆门市博物馆：《郭店楚墓竹简》，文物出版社1998年版，第197页。

⑤ 《郭店楚简·六德》，见荆门市博物馆：《郭店楚墓竹简》，文物出版社1998年版，第188页，此处引自李零：《郭店楚简校读记（增订本）》，中国人民大学出版社2007年版，第171页。

⑥ 参见李健胜：《出土简牍所见："亲亲相隐"观念的形成及其权力属性——兼谈法律儒家化问题》，《简帛研究》，2019年春夏卷，广西师范大学出版社2019年版，第38—48页。

有道，则礼乐征伐自天子出；天下无道，则礼乐征伐自诸侯出。自诸侯出，盖十世希不失矣；自大夫出，五世希不失矣；陪臣执国命，三世希不失矣。"[①]在"礼乐征伐""自大夫出"，甚至"陪臣执国命"现象纷然的时代，孔子要做的，不是与这种政治现实妥协，而是试图通过恢复周礼，整顿时弊。孔子谓季氏："八佾舞于庭，是可忍也，孰不可忍也？"[②]孔子批判季氏僭礼之行，意在维护鲁公权威。孔子任职于鲁后，"将堕三都"[③]，这是他用实际行动维护周礼，反对诸卿僭越礼法的政治实践。

综上，孔子继承了先秦贵族政治及其文化传统，既尊奉最高统治者的"共主"地位，也维护贵族在地方上的自治权，如若二者之间权力关系产生矛盾，孔子视具体情况，或站在贵族立场反对集权，或站在最高统治者立场反对贵族僭越礼法。

# 三、孔子政治观的现代价值

孔子是先秦贵族文化的继承者，而他所处的时代却是这一贵族文化的衰落期，文化上的认同与时代因素之间的反差，似乎更加鲜明地体现着孔子政治观的独特性，而如若从现代性理念出发，反观基于先秦政治及其文化传统而形成的这一政治观念，仍能对今天的人们有所启发。

孔子基于先秦政制的历史传统和自我反思，意识到贵族政治的合法性和合理性源于某种有限定的格局当中。孔子并不反对最高统治者的专权，事实上，他是"圣王"传统的坚定拥护者，有名无实的"共主"地位不是孔子心目中理想君王的权力属性，他尤其反对下级贵族的僭越行

---

① 《论语·季氏》，见程树德撰，程俊英、蒋见元点校：《论语集释》，中华书局2014年版，第1469页。
② 《论语·八佾上》，见程树德撰，程俊英、蒋见元点校：《论语集释》，中华书局2014年版，第175页。
③ 《史记》卷四七《孔子世家》，中华书局1959年点校本，第1916页。

为。同时，孔子对各级贵族的自治权给予肯定，并视之为一种珍贵的文化传统。无论是以"圣王"为精神指标的最高统治者，还是以自治权为依归的贵族集团，他们的各项权力之所以能够得到保障，其根本原因在于彼此间依存关系的有序展开，而这一依存关系的核心是彼此之间的合作与限制，即政治上的某种有限定的格局。

孔子目睹了鲁国乃至春秋中后期各国公室与卿族、卿族与家臣等之间展开的政治冲突及其对社会秩序的严重干扰和破坏，通过阅读《诗》《书》等往世经典他也深刻了解到上古时期各个层级的权力主体之间在达成政治共识基础上形成的和谐有序的权力结构。尽管孔子在教授学生时尽量回避现实政治冲突对其德治理念的冲击，他对上古政治传统的解说一定程度上具有想象和理想化的色彩，但是，不容否认的是，孔子体察到上古时代政治共识和政治冲突并非是由此及彼的关系，有时正是因为有一定的政治冲突才为政治共识的达成提供了必要的前提，而正是基于这一点，在普遍失序的时代孔子仍坚信最高统治者与其他贵族之间可以达成政治上的共识。

针对因政治冲突造成的暴力频发现象，孔子强调以宽容、理性、妥协来代替暴力，并把社会秩序的重构寄希望于往世人类智慧的重振和当下合格政治主体的培养上。春秋中后期，贵族出奔、家臣叛主、举族被逐或被灭、平民逃亡等现象频频发生，由此造成的权力重构空间往往沦为暴力的角逐场域。比如，被迫出奔的贵族面临在新的政治格局中如何获得新生的问题，在重新建构君臣关系过程中，与其他家族展开殊死较量，田氏至齐后就通过一系列的政治斗争，最后取代了齐国公室。鲁国"三桓"架空了公室，其权势往往被家臣所把持，阳货甚至拘禁了季孙桓子，其他家臣据邑叛乱的现象更是屡见不鲜。在这样的时代背景下，暴力冲突成为解决政治问题的方便之法，而宽容、理性、妥协则被认为是不合时宜的政治观念。但是，无论是政治秩序重构的现实需要，还是基于过往历史的经验反思，都可以看出，孔子试图恢复周礼的努力实质上涵括了具有现代性特质的政治理念，即以理性代替暴力，以建构适宜的政治秩序。

在社会动荡不安、政治格局变幻莫测的社会转型期，各类利益格局的调整都涉及社会关系和心理关系的调适，社会秩序的重构和人心秩序的重构同等重要。孔子认为恢复贵族政治原有秩序模式既是重构社会秩序的必由之路，也是人心秩序得以重构的重要途径。孔子忧心于鲁公权势的旁落，同时也强调公室应当履行必要的政治功能，这在夹谷之会中表现得十分明显。孔子也看到"三桓"攫取公室之权后，具有一定集权色彩的统治模式对贵族政治本身造成威胁，限制其权力的社会基础在逐步消失，这对社会秩序的合理重构是极其不利的。反之，孔子也不想看到贵族集团在没有共主约束下各自为政、相互攻伐的混乱局面持续下去，他强调分权基础上的政治统一性。当社会秩序得以重构，人与人之间的心理关系自然而然地得到调适，人心安顿反过来有利于社会秩序的稳定。这种互为表里的关系使"仁""义"等德目既作用于人心，又因人心得到彰显，正所谓"义者宜也"[1]，和谐、恰当的人心秩序无论古今都是人们追求的理想境界。

总之，孔子本人具有宽容、理性的政治品格，其学术思想以阐释人类德性和培育德治理念为核心，但也强调利用贵族政治权力结构实现理性政治，因此，其政治观念本身具有强烈的现代性禀赋。

孔子政治观中蕴含着的维护最高统治者权势、分权意志、仁爱理念等为思孟学派所继承、发扬，成为儒家控御权力的精神支柱，且逐步形成"形于内"的心性哲学思想体系。至宋代，儒家心性思想成为宋代儒学走出困境、完成儒学转型的思想资源。[2]近代以来，儒家的心性思想传统成为现代新儒家应对西方文化冲击的主要文化心理动能，现代新儒家大多也服膺于体认功夫而极力弘扬先秦儒学"形于内"的心性哲理，

---

① 《中庸》第二十章，见（宋）朱熹撰：《四书章句集注》，中华书局2012年版，第28页。
② 参见周淑萍：《宋代孟子升格运动与宋代儒学转型》，《史学月刊》2007年第8期。

且把儒家与现代性的学理结合及其学术价值阐发到极致。熊十力先生曾说：《六经》四子，广大悉备，天道、人事、物理，无不概括其中。"①他还说：《六经》广大，无所不包通。科学思想，民治思想，《六经》皆已启其端绪，如符号推理，及辩证法，《大易》发明最早。树其宏规。《六经》言德治或礼治，实超过西洋民治思想甚远。可覆玩第一讲。如《周官》法度，亦含有民治之法制，但精神迥别。科学方法，《六经》虽未及详，而孔子已注重实测术，则不容否认。《论语》者，《六经》之阶梯也。其记孔子曰'知之为知之，不知为不知，是知也。'又言夏、殷之礼，而以杞、宋之文献不足徵为憾，杞国，夏之后也。宋国，殷之后也。可见孔子甄察事物，决非凭臆想乱猜，必博求证据，始下断案。"②马一浮先生曾说："'六艺'者，即是《诗》《书》《礼》《乐》《易》《春秋》也。此是孔子之教，吾国二千余年来普遍承认一切学术之原皆出于此，其余都是六艺之支流。故六艺可以该摄诸学，诸学不能该摄六艺。"③他认为，诸子"以儒为高"，道、墨、名、法四家思想皆出于"六艺"之学。④不仅如此，在他看来，"六艺不唯统摄中土一切学术，亦可统摄现在西来一切学术。举其大概言之，如自然科学可统于《易》，社会科学（或人文科学）可统于《春秋》。因《易》明天道，凡研究自然界一切现象者皆属之；《春秋》明人事，凡研究人类社会一切组织形态者皆属之。"⑤马一浮先生认为孔子的"六艺"涵盖了人类的全体精神，它既包含了诸子之学，同时也可以统摄"现在西来一切学术"。牟宗三、唐君毅等港台新儒家通过心性之学与西学的互融互摄，致力于本体论的建构，由此来承纳西方现代政治理念，完成儒家思想的现代化转型，并试

---

① 熊十力：《孔子内圣外王之学》，《熊十力全集》第8卷，湖北教育出版社2001年版，第169—170页。

② 熊十力：《读经示要》，《熊十力全集》第3卷，湖北教育出版社2001年版，第753页。

③ 马一浮：《马一浮集》第1册，浙江古籍出版社、浙江教育出版社1996年版，第10页。

④ 参见马一浮：《通治群经必读诸书举要》，《复性书院讲录》，山东人民出版社1998年版，第40页。

⑤ 马一浮：《马一浮集》第1册，浙江古籍出版社、浙江教育出版社1996年版，第21页。

图建构基于儒学思想的现代政治文明。其在方法论上仍秉持"形于内"的传统治学方式，往往忽视了孔子政治思想与历史背景之间，尤其是和先秦贵族政治之间的深刻关联。

如若从孔子政治观形成的历史基础出发，结合先秦贵族政治及其文化传统，可总结出一条儒家政治观现代化之路。孔子政治观中，尊奉、维护最高统治者的"共主"地位是居于核心的政治理念，这是先秦贵族社会"王权—贵族"权力结构中，王权合法性的思想基石。在现代民族国家的价值体系中，维护国家统一、主张国家认同的理念，显然与孔子的国家观有内在的一致性。事实上，现代性建构不应当以降低国家认同的情感强度为代价，古典时代"圣王"崇拜心理及其文化传统与现代社会的国家认同理念在生成原理上有很大的内在一致性。现代政治文明主张中央给予地方较多的自主权利，以激发地方社会的创造力和对国家的忠诚，这种观念背后的政治价值立场与孔子主张的贵族自治权也有一定的同质性。现代社会赋予公民自由、民主等的价值理念，而先秦贵族政治衍生出的文化传统亦有尊重个体、弘扬精神自由等的价值理念，孔子政治观本身就是这些价值理念的策源地，且与现代社会的价值体系多有吻合之处。

# 第二节 《论语》所见鲁国政治环境与孔子的政治际遇

本节主要通过论述春秋中后期鲁国的政治环境，试图探究孔子生活时代的政治面貌，从而总体上把握鲁国乃至春秋中后期政治状况对孔子政治际遇的影响。

# 一、鲁国贵族政治基本架构的松动

鲁国是姬姓封国，以礼仪之邦著称，是西周贵族政治的一个典型。春秋时期，鲁国贵族政治的基本架构逐步松动，但基本保持着先秦贵族社会的政治样态，即使是公族执政的时期，其贵族社会的权力结构并未对国家的稳定产生实质性危害，因此，一味地从礼崩乐坏的角度去思考孔子所处的政治环境，未必符合历史事实。

具体来说，鲁国政治经历了"政在公室"到"三桓执政"的变化过程，鲁隐公至文公时，"政在公室"且"君命无二"[①]，鲁宣公至哀公时，政在私家，出现"三桓执政"的局面，定哀时期，出现以季氏家臣阳虎为代表的"陪臣执国命"之现象。[②] 襄公十一年的"三分公室"并非完全瓦解鲁公权势，但昭公五年的"四分公室"，使鲁国国政真正为三桓掌控，《左传·昭公五年》记载，"五年春王正月，舍中军，卑公室也。毁中军于施氏，成诸臧氏。初，作中军，三分公室，而各有其一。季氏尽征之，叔孙氏臣其子弟，孟氏取其半焉。及其舍之也，四分公室，季氏择二，二子各一。皆尽征之，而贡于公。"鲁国国公丧失调兵权，标志着公族执政时代的到来，因此，春秋中后期鲁国政治的显著特点在于执政之卿出身于公族[③]，尽管鲁公权势旁落，但公族执政的现实却在一定程度上确保了贵族政治结构的活力。

## （一）"三桓执政"与礼乐制度的松动

孔子生活的时代，"三桓执政"已然是鲁国固有的政治现实，不仅是鲁国顶层权力结构的基本现状，也是每位鲁国人必须面对的社会现实，即便是沦为平民子弟的孔子，其生活也受到三桓势力的影响。《史

---

① 《左传·僖公二十四年》，见杨伯峻：《春秋左传注》，中华书局 2009 年版，第 414 页。

② 参见盛险峰：《论春秋时期鲁国的政治道路》，《安徽大学学报》（哲学社会科学版）2006年第 5 期。

③ 参见吕文郁：《采邑与春秋时期的鲁国政治》，《齐鲁学刊》1992 年第 2 期。

记·孔子世家》载，孔子年少时，因家贫，"尝为季氏史"，在季氏家中做过委吏、乘田，后来，曾想在季氏处谋取更高职位，受阳货干扰未成。

三桓势力的坐大，一方面的确导致礼崩乐坏的局面，使得西周末年以来，天子失势、诸侯失权的政治现状在鲁国扩大化，也使得表达权力秩序的周礼在鲁国呈现紊乱状态。孔子谈到季氏时说："八佾舞于庭，是可忍也，孰不可忍也？"[①]"八佾"舞乐天子才能配享，作为大夫的季平子公然使用天子乐礼，显然是僭越了礼法。孔子认为，季平子这样的事都能做出来，他还有什么不能做呢？季平子专政导致鲁昭公出走齐、晋，最后死在晋国的乾侯，季氏的专权在孔子时代已然是不可更改的政治现实，鲁公对此已无能为力，孔子讥讽之，多半也出于无奈。针对"三家者以《雍》彻"，孔子说："'相维辟公，天子穆穆'，奚取于三家之堂？"[②]仲孙、叔孙、季孙三家祭祀祖先时，用天子之礼，唱着《雍》来撤掉祭品，孔子说《雍》礼乃诸侯助祭天子，三家祭祖时唱《雍》，取之何意？"三桓执政"的现实和礼乐制度的松动，具体反映在仪节秩序的紊乱与失序上，对于孔子等试图维护旧礼的人来说，也只能是无奈地悲叹罢了。

"三桓执政"的政治现实不仅使鲁公权力旁落，也削弱了其权力建构意志，进而沦为三桓逐利的工具。至孔子晚年时，三桓的势力更加庞大，《左传·哀公十一年》载，"鲁之群室众于齐之兵车"，"季氏之甲七千"，在实力雄厚的公族面前，鲁公已然失去了重振雄威的意志。陈恒杀了齐简公，孔子朝见鲁哀公，请求出兵讨伐，哀公让他向三桓报告，孔子只能去报告三桓，他们都不肯出兵。孔子说："以吾从大夫之

---

① 《论语·八佾》，见程树德撰，程俊英、蒋见元点校：《论语集释》，中华书局 2014 年版，第 175 页。

② 《论语·八佾》，见程树德撰，程俊英、蒋见元点校：《论语集释》，中华书局 2014 年版，第 180 页。

后，不敢不告也。"①

  鲁国在内政外交上的失序，一方面是权力结构发生紊乱导致的结果，另一方面是礼乐制度不能有效作用于现实政治的结果。在这样的社会环境中，孔子一方面完全认清了当时的社会形势，声称"天下有道，则礼乐征伐自天子出；天下无道，则礼乐征伐自诸侯出。自诸侯出，盖十世希不失矣；自大夫出，五世希不失矣；陪臣执国命，三世希不失矣。天下有道，则政不在大夫。天下有道，则庶人不议。"②另一方面，试图通过参政议政，改变这种现状，尤其是在鲁国获得参政机会后，以"堕三都"来打击三桓，试图恢复鲁公权势。在实力雄厚的三桓面前，孔子的政治实验当然只能以失败告终，除其"知其不可而为之"③的精神令人敬仰外，"三桓执政"导致的礼乐制度的松动，以及由此反映出的时代变迁信号，也让人不得不对时代发展的进程本身心生敬畏。

### （二）松动的意义

  "三桓执政"引起的礼乐松动，对于鲁国而言，并非仅仅导致鲁公势力旁落、权力体系紊乱的结果。如若换个角度看，三桓势力的兴起，对于鲁国时政有一定的积极意义。

  首先，三桓虽把持了军政大权，但因系公族执政，在权力建构上仍遵循周礼旧有形式，维持鲁公在名义上的最高统治者身份。同时，西周以来的器用限定制度在一定程度上得以严格执行④，这反而强化了基于血缘关系的权力划分形式。

---

① 《论语·宪问》，见程树德撰，程俊英、蒋见元点校：《论语集释》，中华书局2014年版，第1288页。

② 《论语·季氏》，见程树德撰，程俊英、蒋见元点校：《论语集释》，中华书局2014年版，第1469—1473页。

③ 《论语·宪问》，见程树德撰，程俊英、蒋见元点校：《论语集释》，中华书局2014年版，第1327页。

④ 参见李峰：《西周的灭亡：中国早期国家的地理和政治危机》，徐峰译，上海古籍出版社2007年版，第333页。

其次，三桓握有鲁国实权后，彼此之间存在竞争关系，也存在如何处理与周边国家关系的诸多问题，正是因为这种竞争关系，以及自身权力合法性建构的需要，三桓在发展鲁国经济、扩充鲁国军事实力方面，甚至比鲁公更为卖力，在这样的情况下，"三桓执政"不仅没有使鲁国的国力削弱，相反，三家实力的增强促进了春秋后期鲁国国力的兴盛，暂时扭转了过去的衰败局面。①

最后，对于孔子而言，"三桓执政"为其德政理念的实施提供了机会。春秋前期，鲁公政治地位尚为牢固，是较典型的贵族社会，政治权力的划分取决于血缘关系，权力的实施方式遵从凝固的血统论模式，整个社会缺乏活力。三桓握有实权的时代，因三家分权导致人才竞争，而人才竞争往往取决于贤德、能力的角力，这既为孔子等人参政议政提供了机会，也为新兴治国理念创造了流播空间。

显然，这种礼乐制度的松动所获取的机会中存在着一个悖论：一方面，孔子的德政思想来源于周公之礼，孔子认定西周治国思想的精髓在于德治；另一方面，因"三桓执政"，德政理念获得了可能得以实施的机会。实际上，正是因为一些积极进取的普通人与贵族成员一道，成为知识分子阶层②，为德治在新时代的实施提供了关键动力，这反而成为新的政治因素吸纳旧制度因子的一个契机。而从这一点看，孔子想要恢复周礼的想法及行动，并非皆为空想。事实上，先秦贵族政治及其文化传统在新时期所发挥的作用，甚或超出我们的想象，蕴含其中的一些理念，显然具有跨时空的意义和价值。

孔子曾说："齐一变，至于鲁；鲁一变，至于道。"③他认为，齐国的政治一旦得以改革，会达到鲁国的状态，而如果以礼乐重整鲁国政

---

① 参见黄国辉：《略论三桓分公室与春秋晚期的鲁国政治》，《历史教学》2009年第10期。

② 参见［美］史华兹《古代中国的思想世界》，程钢译，江苏人民出版社2004年版，第60页。

③ 《论语·雍也》，见程树德撰，程俊英、蒋见元点校：《论语集释》，中华书局2014年版，第529页。

治，则可合于大道。换言之，孔子期待在鲁国实现他的德政理想，也认为鲁国的一些政治现状适合这一理念的实施。

对于孔子来说，在业已发生巨大变化的政治环境中追索周礼存续的价值，不仅要付出政治代价，更要直面精神信仰的严酷考验。然而，任何人在现实生活中的思想与行动，都很难逃脱时代对他的限制，关键在于如何捕捉时代赋予他的机遇。从政治学角度看，"三桓执政"实际上是权力来源在下移，生产权力并赋予权力体系某种新秩序的力量不再仅仅局限于血缘关系，而在于如何应对现实的权力规则，这种产生权力的法则自然会破坏既有秩序，却为新的政治力量或新的执政理念提供机遇。孔子生活的时代周礼业已被破坏，既有秩序业已松动，以他个人力量不可能反转现实，但是，孔子也敏锐地体察到，他力图恢复的先秦贵族政治及其文化传统，在鲁国仍有存续的可能，因为权力的下移并没有整体上破坏贵族政治的基本架构，而且这一权力架构与新的政治结构之间也并非不能相融，关键的因素在于人，在于培养君子以驾驭新的权力体系。

就人的因素而言，恰恰是"三桓执政"的时期，孔子等在不同族众成员中传播"六艺"者，获得了难得的发展机遇。孔子长期从事教学活动，因教学及学术成就获得关注，甚至有机会参政议政，尽管在现实的政治规则面前，他的政治观念很难真正落实，但是，鲁国中后期纷乱的政治环境，为他思考德政实施的现实环境及其所面临的机遇和受到的限制等，提供了必要的政治环境。毕竟鲁公形式上仍是国家的首领，当时的人才竞争环境为他和他的学生参政议政提供了政治空间。

进而言之，鲁国三桓可以看作是商周贵族自治权在新时代得以实现的一个典范，同时也折射出贵族政治传统在具体历史过程中的复杂性，而孔子"贵礼"就是要用周公礼乐制度规范贵族的自治权，因此，历史与现实之间的张力给予孔子某种契机的同时，也给他带来巨大的挑战。先秦贵族政治及其权力架构本身随着时代的变迁发生变动，是一种客观实在，尤其是对于生于斯的孔子而言，不可能不理解这种变动的不可违与不可逆，但是，孔子执着于恢复周礼，除了有意识地继承前诸子时代的"复礼"运动外①，主要是想借此恢复先秦贵族政治及其文化传统的精神实质，在天子—诸侯—大夫等级差序构成的"文"和"礼"的相互对立又相互补充的政治架构中②，获取某种具有现代性特质的文化精神，并通过自身的各种努力确保这一文化因子的传续。由此观之，鲁国贵族政治架构的松动以及由此形成的政治格局，也为这种文化因子的传续提供了新环境、新机遇。

## 二、孔子的政治机遇

孔子一生寻求入仕机会，试图凭某种政治力量实现其政治抱负，无论是早年至齐寻求入仕，还是五十岁之后在鲁国的参政，抑或是游历各国谋求出路，都在矢志不渝地找寻恢复周礼的机会。因受阳货阻碍使人生面临困境，晚年时鲁公及三桓求教执政之道，这两种境遇最能直观地反映出孔子面对的政治机遇，以及这样的机遇对于孔子政治观的作用与意义。

### （一）从孔子与阳货的关系看孔子面临的人生困境

孔子远祖为商族首领，至其父亲叔梁纥时沦为邹邑大夫，不过，尚能有士之名号，孔子为庶出，且幼年失怙，得舅家抚养长大，因此，无论是实际的社会身份，还是在时人心目中，已然是一介平民。《左传·昭公三十二年》，晋国史墨云："社稷无常奉，君臣无常位，自古以然。故《诗》曰：'高岸为谷，深谷为陵。'三后之姓于今为庶。"春秋时期，王族后裔降为庶人的情况较为普遍，孔子是一个典型。不过，

---

① 参见何炳棣：《何炳棣思想制度史论》，中华书局 2017 年版，第 176—177 页。
② 参见［美］西奥多·狄百瑞：《儒家的困境》，黄水婴译，北京大学出版社 2009 年版，第 48 页。

孔子自小勤奋好学，"常陈俎豆，设礼容"①，是位知书达礼的少年才俊，如若早年就能得到季氏等公族的欣赏和重用，那么，他的仕途应当走得比较顺当。然而，现实的情况是孔子从少年时就谋求入仕途径，至知天命时，才得到一些机会，之所以如此，与阳货有关。

阳货又叫阳虎，曾为季氏家臣。据《史记·孔子世家》记载，"季氏飨士，孔子与往。阳虎绌曰：'季氏飨士，非敢飨子也。'孔子由是退。"正是因为阳货的阻挡，十七岁左右的孔子没有机会面见季氏，失去了获季氏提拔的机会。后来，孔子因开私学逐渐成名，并游历齐国，因得不到齐景公任用，只能回国继续教书。期间，孔子几十年如一日只能与学生们谈论为政之道，却得不到实践机会，心情难免苦闷，这一点有孔子语录为证：

> 子欲居九夷。或曰："陋，如之何？"子曰："君子居之，何陋之有？"②

> 公山弗扰以费畔，召，子欲往。子路不说，曰："末之也已，何必公山氏之之也？"子曰："夫召我者，而岂徒哉？如有用我者，吾其为东周乎？"③

> 佛肸召，子欲往。子路曰："昔者由也闻诸夫子曰：'亲于其身为不善者，君子不入也。'佛肸以中牟畔，子之往也，如之何？"子曰："然。有是言也。不曰坚乎，磨而不磷；不曰白乎，涅而不缁。吾岂匏瓜也哉？焉能系而不食？"④

---

① 《史记》卷四七《孔子世家》，中华书局1959年点校本，第1906页。
② 《论语·子罕》，见程树德撰，程俊英、蒋见元点校：《论语集释》，中华书局2014年版，第780—782页。
③ 《论语·阳货》，见程树德撰，程俊英、蒋见元点校：《论语集释》，中华书局2014年版，第1533—1538页。
④ 《论语·阳货》，见程树德撰，程俊英、蒋见元点校：《论语集释》，中华书局2014年版，第1546—1553页。

历代黜孔人士好拿上述材料说事，认为孔子要么为了入仕而甘居野蛮之地，要么不惜与叛乱者为伍。实际上，这些语录都是孔子对着学生所发的牢骚，表达的是他受阳货的压制而不能入仕的郁闷与不满，没有必要过分解读，正如他曾说："道不行，乘桴浮于海。从我者，其由与？"子路闻之甚喜，孔子叹道："由也好勇过我，无所取材。"[1]如果真如子路那样以为孔子要去大海上漂流，显然误解了孔子本意。

和孔子恰好相反的是，阳货得到季氏的信任、重用，成为季氏倚重的家臣，权倾一时。或许是因为忌惮孔子的名望，阳货不愿意看到孔子入仕，并以此刁难孔子，并讥讽孔子的仁爱主张。

> 阳货欲见孔子，孔子不见，归孔子豚。孔子时其亡也，而往拜之。遇诸涂。谓孔子曰："来！予与尔言。"曰："怀其宝而迷其邦，可谓仁乎？"曰："不可。""好从事而亟失时，可谓知乎？"曰："不可。""日月逝矣，岁不我与。"孔子曰："诺。吾将仕矣。"[2]

阳货送礼物给孔子，显然不是出于两人的友谊，更多的是想借机讽刺挖苦孔子。孔子本想趁阳货不在家去回礼，不想两人在街上碰面。阳货问孔子："空有一身本领却眼看国家政治混乱而不理会，这叫仁爱吗？"见孔子不回答，阳货自答道："不可以。"他又问："喜欢做官却屡失机会，这叫聪明吗？"还颇有意味地说道："时光一去不返啊！"最后，孔子不得不回答："好吧，我打算做官。"结合阳货对孔子的一贯态度，他的这些发问显然是在刁难孔子，尤其是说孔子想当官却屡失机会是在嘲弄孔子。显然，孔子在鲁国不能得到入仕机遇，是因为他有个死对头，正是因为阳货的存在，才使得孔子不能为鲁国公族所任用。

---

[1] 《论语·公冶长》，见程树德撰，程俊英、蒋见元点校：《论语集释》，中华书局 2014 年版，第 386 页。

[2] 《论语·阳货》，见程树德撰，程俊英、蒋见元点校：《论语集释》，中华书局 2014 年版，第 1512—1514 页。

阳货之所以阻挡孔子入仕，首先因为他们二人年龄相仿，少年时代都需要贵族提携，借此进入鲁国的核心政治圈，从而能在鲁国政坛发挥作用、施展抱负。如若季氏召见了少年孔子，那么阳货或许没有机会得到季氏任用，因此，他不仅破坏了孔子面见季氏的机会，还一直提防孔子入仕。可见，阳货是一个妒贤嫉能之辈。从孔子角度看，他的人生际遇有诸多不幸，遇到阳货这样的"绊脚石"亦是他人生不幸的原因之一。因为阳货的存在，他长时期不能入仕，心志不能达成而心情苦闷。由此可见，说孔子是快乐的，"孔夫子能够教给我们的快乐秘诀，就是如何去找到你内心的安宁"①之类的话语，是在误解孔子，是在胡言乱语！

阳货势力坐大后，不仅不听季氏调遣，还架空季氏。鲁定公八年，阳虎作乱。次年，被三桓挫败后，逃奔至齐国。阳货逃走后，孔子在鲁国入仕的阻力消失，他不仅得到提拔且迅速升为大司寇，从而获得了一段难得的实践其理想的入仕机会。

总之，孔子和阳货的关系颇有宿命意味，二人在政治上虽无交际，政治理念有很大差异，孔子获取参政机会的目的是为了践行周礼，阳货显然是一个机会主义者，心胸也颇为狭隘。有意思的是，阳货的逃离并没有结束二人的"孽缘"，孔子周游列国时，曾"畏于匡"，据说深受阳货蹂躏之苦的匡人因为孔子长得像阳货，曾拘禁孔子五日。

## （二）从孔子与鲁哀公、季康子对谈看孔子晚年的政治际遇

孔子晚年返鲁，接连遇到不幸之事，其子孔鲤先他而死，最得意的弟子颜回也英年早逝，尽管当时鲁国的政治环境已然发生变化，没有人再重提孔子欲"堕三都"之事，对于孔子来说，"政治方面已非其主要意义所在，其最所属意者应为其继续对于教育事业之进行"②。不过，从

---

① 于丹：《于丹〈论语〉心得》，中华书局 2006 年版，第 12 页。
② 钱穆：《孔子传》，生活·读书·新知三联书店 2002 年版，第 75 页。

孔子与鲁公及季氏的对谈看，孔子晚年的政治际遇对于表达其政治观念而言，还是十分难能可贵的。

《论语》记述了孔子与鲁国政治上层对谈、交往的一些语录，比如鲁定公曾问孔子："君使臣，臣事君，如之何？"孔子回答说："君使臣以礼，臣事君以忠。"①鲁定公还问孔子"一言而可以兴邦""一言而丧邦"，孔子以"为君难，为臣不易"，"予无乐乎为君，唯其言而莫予违也"来打比方，向鲁定公陈述他的君臣观。从中可以看出，孔子主张君臣相依的政治观，既不主张君对臣的绝对控制，亦不追求臣对君的完全独立，这种既相互对立又相互补充的君臣关系，即是孔子政治观在君臣关系上的反映。

孔子的君臣观并非独创，除有制度史的背景外，也有思想史的来源。周公把古代中国哲人的思维引进了人本理性的新天地，并且已经对"德"的意义做了较深刻的阐发。②受之影响，西周以来，为政以德的观念成为建构君臣观的理念基础。《左传》所反映的前诸子思想也是孔子君臣观的思想史背景，比如，《左传·襄公二十六年》载："臣之禄，君实有之。义则进，否则奉身而退。"③晏婴曾云："君令、臣共……礼也。君令而不违，臣共而不贰……礼之善物也。"④上述君臣观明显包含着臣下以"义"择君、君臣相依的观念，与"邦有道，则仕；邦无道，则可卷而怀之"⑤的理念颇相契合。

孔子晚年除致力于编定上古典籍、教授学生外，与鲁哀公、季康子等人有过一些接触，季康子曾赠药给孔子，孔子拜而受之，却说："丘

---

① 《论语·八佾》，见程树德撰，程俊英、蒋见元点校：《论语集释》，中华书局 2014 年版，第 254 页。
② 参见何炳棣：《何炳棣思想制度史论》，中华书局 2017 年版，第 39 页。
③ 杨伯峻：《春秋左传注》，中华书局 2009 年版，第 1113 页。
④ 《左传·昭公二十六年》，杨伯峻：《春秋左传注》，中华书局 2009 年版，第 1480 页。
⑤ 《论语·卫灵公》，见程树德撰，程俊英、蒋见元点校：《论语集释》，中华书局 2014 年版，第 1376 页。

未达，不敢尝。"①

趁这些机会，孔子把他的为政观灌输给了当时鲁国的政治核心人物。孔子主张君上的垂范作用，认为为政之道在于君上首先要做好表率作用，只有以德服人，才能安治百姓。鲁哀公问孔子："何为则民服？"孔子回答："举直错诸枉，则民服；举枉错诸直，则民不服。"②意思是说，只有提拔正直的人去管理百姓，才能让百姓服从统治。正直的人即有德者，他们起到良好的表率作用，自然会让百姓信服。季康子问孔子："使民敬、忠以劝如之何？"子曰："临之以庄，则敬；孝慈，则忠；举善而教不能，则劝。"③君上慎重对待政事、讲究孝道、提拔贤人，老百姓自然会守规矩且做事勤勉。季康子还问孔子："如杀无道，以就有道，何如？"孔子对曰："子为政，焉用杀？子欲善而民善矣。君子之德风，小人之德草，草上之风，必偃。"④孔子不主张刑杀之政，认为君上应以德服从，表达的仍是君上以贤德垂范并以此治民的理念，所以他说："政者，正也。子帅以正，孰敢不正？"⑤

另外，从上博简《季庚子问于孔子》一文看，孔子已有"仁之以德"的主张，其文云："仁 之 以 惪（德），此君子之大雺（务）也。"⑥他还对以仁理政做了进一步说明，"（君子）才（在）民之上，埶（执）民之中，弛（纾）善（詤）于百眚（姓），而民不备（服）安（焉），氏（是）羣（君子）之耻也。氏（是）古（故），羣（君子）玉亓（其）言

① 《论语·乡党》，见程树德撰，程俊英、蒋见元点校：《论语集释》，中华书局2014年版，第917页。

② 《论语·为政》，见程树德撰，程俊英、蒋见元点校：《论语集释》，中华书局2014年版，第151页。

③ 《论语·为政》，见程树德撰，程俊英、蒋见元点校：《论语集释》，中华书局2014年版，第154页。

④ 《论语·颜渊》，见程树德撰，程俊英、蒋见元点校：《论语集释》，中华书局2014年版，第1117页。

⑤ 《论语·颜渊》，见程树德撰，程俊英、蒋见元点校：《论语集释》，中华书局2014年版，第1115页。

⑥ 马承源主编：《上海博物馆藏战国楚竹书》（五），上海古籍出版社2005年版，第202页。

而㥦（慎）亓（其）行，敬城（成）亓（其）悳（德）（以）临民＝（民，民）瞠（望）亓（其）道而备（服）安（焉），此之胃（谓）㤨（仁）之（以）悳（德）。"① 如若此篇文献所记为孔子本人言论的话，那么，晚年孔子已有明确的仁政思想。

孔子向鲁哀公、季康子讲述自己的德政理念，并不意味着他们真会实施这样的为政之道，鲁哀公问有若："年饥，用不足，如之何？"有若问："盍彻乎？"哀公说："二，吾犹不足，如之何其彻也？"有若回答："百姓足，君孰与不足？百姓不足，君孰与足？"② 显然，鲁哀公关心的是如何征收更多田赋，断然不会考虑百姓疾苦，进而实施孔子向往的德政。季康子"患盗"，问孔子该如何应对，孔子说："苟子之不欲，虽赏之不窃。"③ 统治者的贪婪，才是引发盗贼群起的主因。但是，想让君上放弃贪婪之心，何其难哉！

晚年孔子遭遇很多不幸，子嗣、弟子等先他而去，使他经受了经久不变的老年悲剧，但这并没有击垮孔子。孔子向鲁国核心政治人物讲述为政之道，相当于以德治理念"启蒙"当时鲁国的统治者，尽管这些言论不可能为他们所吸纳、实施，但从这些言论中我们亦可感受到孔子秉持的政治观不仅仅局限于君臣相依的君臣观上，他提出的君上在为政方面的垂范作用、为政以仁等的理念，以及试图建构君子执政的政治观，都有臣下以德行、知识控御权力的内涵，且都属于颇具普遍价值的政治观范畴。从中也可以看出，孔子晚年的政治境遇虽无实质的权力意味，但从思想流布的角度看，当时的政治环境显然有助于孔子思考、批评政治现实，充分展示了他试图以君子之道控御权力的政治观。

---

① 马承源主编：《上海博物馆藏战国楚竹书》（五），上海古籍出版社2005年版，第203—207页。

② 《论语·颜渊》，见程树德撰，程俊英、蒋见元点校：《论语集释》，中华书局2014年版，第1090—1098页。

③ 《论语·颜渊》，见程树德撰，程俊英、蒋见元点校：《论语集释》，中华书局2014年版，第1116页。

# 第二章 《论语》所见孔子的政治活动与身份意识

## 第一节 理想与现实的差距：孔子与弟子政治活动的差异

本节主要通过分析孔子短暂仕鲁所见其参政目的，孔子弟子政治活动与孔子的差异，来解析孔子政治理想的超越性，从而对所谓儒家思想的宗法本位乃至中华文化的宗法基因问题展开反思与讨论。

### 一、从孔子短暂仕鲁看孔子参政之目的

阳货出逃后，孔子入仕的障碍消失，盼来了难得的参政机会，起初任中都宰，后升少司空，再升大司寇，升迁之快，令人称奇。孔子受何人提拔，历来有不同看法，《史记·孔子世家》云："定公九年，阳虎奔于齐。其后定公用孔子为中都宰。一年，由中都宰为司空，由司空为大司寇。"司马氏认为是鲁定公提拔了孔子。钱穆先生认为，阳货之患令季氏有所憬悟，遂任用孔子，孔子亦借此机会翩然而出，"用孔子者亦为季氏，非定公"[①]。笔者认为提拔孔子一事应当是三桓和鲁公共同

---

① 钱穆：《孔子传》，生活·读书·新知三联书店 2002 年版，第 35 页。

之举，其中，孟孙氏可能是促成孔子入仕于鲁的关键人物。《左传·昭公七年》记载，"九月，公至自楚。孟僖子病不能相礼，乃讲学之，苟能礼者从之。及其将死也，召其大夫，曰：'礼，人之干也。无礼，无以立。吾闻将有达者曰孔丘，圣人之后也，而灭于宋。其祖弗父何以有宋而授厉公。及正考父，佐戴、武、宣，三命兹益共，故其鼎铭云：一命而偻，再命而伛，三命而俯，循墙而走，亦莫余敢侮。饘于是，鬻于是，以糊余口。其共也如是。臧孙纥有言曰："圣人有明德者，若不当世，其后必有达人。"今其将在孔丘乎！我若获没，必属说与何忌于夫子，使事之，而学礼焉，以定其位。'故孟懿子与南宫敬叔师事仲尼。仲尼曰：'能补过者，君子也。《诗》曰："君子是则是效"，孟僖子可则效已矣。'"[1] 孟僖子嘱其子孟懿子、南宫敬叔学于孔子一事并非虚言，《论语》载有二人向孔子请教的语录：

> 孟懿子问孝。子曰："无违。"樊迟御，子告之曰："孟孙问孝于我，我对曰，无违。"樊迟曰："何谓也？"子曰："生事之以礼；死葬之以礼，祭之以礼。"[2]
>
> 南宫适问于孔子曰："羿善射，奡荡舟，俱不得其死然。禹、稷躬稼而有天下。"夫子不答。南宫适出，子曰："君子哉若人！尚德哉若人！"[3]

孟懿子（又称孟孙氏）和南宫敬叔从学孔子较早，与孔子有师生情谊，阳货之患结束后，孟孙氏的支持应当是促成孔子入仕的因素之一。中都宰为卿大夫私臣，与鲁公之"大夫"是不同的，这从一个侧面说明

---

[1] 《左传·昭公七年》，见杨伯峻：《春秋左传注》，中华书局 2009 年版，第 1294—1296 页。

[2] 《论语·为政》，见程树德撰，程俊英、蒋见元点校：《论语集释》，中华书局 2014 年版，第 102—104 页。

[3] 《论语·宪问》，见程树德撰，程俊英、蒋见元点校：《论语集释》，中华书局 2014 年版，第 1227 页。

孔子起初做了三桓的家臣，提拔为少司空后，正式成为鲁公之臣。

做了大司寇之后，孔子相鲁定公赴夹谷之会，为屡受齐国威逼的鲁公争得了难得的外交主动权，孔子据理力争，使"齐人来归郓、讙、龟阴之田"①。短暂执政期间，"堕三都"之举恐怕是孔子做得最有影响的一件事。"堕三都"之"都"指卿大夫之城，春秋时期，礼乐制度的松动集中表现于"内宠并后，外宠二政，嬖子配嫡，大都耦国"，这些现象被认为是"乱之本也"②。所谓"大都耦国"是指卿大夫之城的规模超过了诸侯之城，意味着卿大夫在军政权势上凌驾于诸侯之上，礼乐秩序因此败坏。针对鲁公被三桓架空，权势不及卿大夫的政治现实，孔子以大司寇身份提出"堕三都"，要堕郈、费、成三城，以削减三桓实力。《左传·定公十二年》记载，"仲由为季氏宰，将堕三都，于是叔孙氏堕郈。季氏将堕费，公山不狃、叔孙辄帅费人以袭鲁。公与三子入于季氏之宫，登武子之台。费人攻之，弗克。入及公侧，仲尼命申句须、乐颀下，伐之，费人北。国人追之，败诸姑蔑。二子奔齐，遂堕费。将堕成，公敛处父谓孟孙：'堕成，齐人必至于北门。且成，孟氏之保障也。无成，是无孟氏也。子伪不知，我将不堕。'冬十二月，公围成，弗克。"③季氏主动堕郈后，公山不狃和叔孙辄不愿堕费，引兵"袭鲁"，鲁公、季氏反击之，最终"堕费"，将堕孟孙氏之成时，处父以如毁成，"齐人必至于北门"为由，劝阻孟孙氏，最终，鲁定公未能堕成。

"堕三都"虽有一定成效，但总的来说以失败告终，主要原因是它触动了三桓的政治利益，起初虽有季氏支持，但因叔孙辄、孟孙氏不惜以反叛拒绝堕都，季氏的态度也发生了变化，加之鲁公的实力不足以堕诸卿之城，孔子的政治改革只能以失败告终。

从"堕三都"之举可以看出孔子参政的真实目的。孔子受三桓提

---

① 《左传·定公十年》，见杨伯峻：《春秋左传注》，中华书局2009年版，第1579页。

② 《左传·闵公二年》，见杨伯峻：《春秋左传注》，中华书局2009年版，第272页。

③ 《左传·定公十二年》，见杨伯峻：《春秋左传注》，中华书局2009年版，第1586—1587页。

拔，升为大司寇后，理应维护三桓的利益，这是遵从现实政治游戏的基本法则，孔子却以"堕三都"挖他们的墙脚，显然违背了基本的现实政治原则。然而，从孔子的政治理想角度看，孔子以"堕三都"来维护鲁公利益，是想在鲁国国内重新恢复上下有序的等级差序，从而实现复兴周礼的目的。为了达到这个目的，孔子在得到三桓支持而入仕鲁国之时，以"堕三都"之举来恢复鲁公权势，这足以说明孔子的确一贯秉持着恢复周礼以正天下的政治理想。

"堕三都"失利后，孔子在鲁国的政治境遇颇为尴尬。季氏身边的公伯寮毁谤子路，子服景伯告知孔子，孔子说："道之将行也与，命也；道之将废也与，命也。公伯寮其如命何！"[①]孔子把其"道"行或不行归于"命"，但在现实的政治及人际环境中，公伯寮之流毁人不倦，以谗言危及孔子及子路政治生命，导致孔子不得不离开鲁国。季氏还受齐人蛊惑，沉迷女色，"齐人归女乐，季桓子受之，三日不朝，孔子行。"[②]据《史记·孔子世家》，齐大夫犁鉏曾对齐景公说："鲁用孔丘，其势危齐。"齐人用"美人计"成功离间了孔子和季氏的关系，孔子得不到鲁国关键政治力量的支持，只好出走他国。

孔子有治"千乘"之国的雄心，他说："道千乘之国，敬事而信，节用而爱人，使民以时。"[③]朱子释"千乘"为"诸侯之国"[④]，崔述认为"大国曰千乘"[⑤]，孔子想以治理好鲁国为起点，志在恢复周天子权威，他曾说："名不正，则言不顺；言不顺，则事不成；事不成，则礼乐不兴；礼乐不兴，则刑罚不中；刑罚不中，则民无所措手足。故君子名

---

① 《论语·宪问》，见程树德撰，程俊英、蒋见元点校：《论语集释》，中华书局2014年版，第1321页。

② 《论语·微子》，见程树德撰，程俊英、蒋见元点校：《论语集释》，中华书局2014年版，第1619页。

③ 《论语·学而》，见程树德撰，程俊英、蒋见元点校：《论语集释》，中华书局2014年版，第28页。

④ （宋）朱熹撰：《四书章句集注》，中华书局2012年版，第49页。

⑤ 《论语·学而》，见程树德撰，程俊英、蒋见元点校：《论语集释》，中华书局2014年版，第28页。

之必可言也，言之必可行也。君子于其言，无所苟而已矣。"[1] 然而，孔子的雄心与现实政治环境之间的关系甚为紧张，他长期得不到从政机会，曾感叹："觚不觚，觚哉！觚哉！"[2] 当政治欲望与现实纠合在一起时，郁郁不志的孔子曾叹道："三年学，不至于谷，不易得也。"[3] 孔子立志从政，与儒家的知识背景与现实追求密切相关，儒家以上古"六经"为其知识基础，"六经"的思想核心在君王之治，儒家的思想核心也在于追求天下有道。[4] 先秦儒家关心君臣之道，立论也基本围绕这一主题展开，甚至把孝顺之道也纳入为政之中，有人问孔子："子奚不为政？"孔子答道："《书》云：'孝乎惟孝，友于兄弟，施于有政。'是亦为政，奚其为为政？"[5] 他曾说："苟有用我者，期月而已可也，三年有成。"[6] 当他终于获得参政机会时，明知会触犯三桓利益，改革也终会失败，却不惜以牺牲个我政治生命为代价"堕三都"，正如孔子所言："如有用我者，吾其为东周乎？"[7] 他的参政目的显然是为了文武之道在东方复兴。[8]

## 二、孔子弟子政治活动的现实法则

和孔子从政目的形成鲜明对比的是，孔子弟子的政治活动往往遵循

---

[1] 《论语·子路》，见程树德撰，程俊英、蒋见元点校：《论语集释》，中华书局 2014 年版，第 1151—1152 页。

[2] 《论语·雍也》，见程树德撰，程俊英、蒋见元点校：《论语集释》，中华书局 2014 年版，第 531 页。

[3] 《论语·泰伯》，见程树德撰，程俊英、蒋见元点校：《论语集释》，中华书局 2014 年版，第 692 页。

[4] 参见朱汉民：《六艺与儒家子学的思想差异》，《中国哲学史》2017 年第 1 期。

[5] 《论语·为政》，见程树德撰，程俊英、蒋见元点校：《论语集释》，中华书局 2014 年版，第 157 页。

[6] 《论语·子路》，见程树德撰，程俊英、蒋见元点校：《论语集释》，中华书局 2014 年版，第 1171 页。

[7] 《论语·阳货》，见程树德撰，程俊英、蒋见元点校：《论语集释》，中华书局 2014 年版，第 1538 页。

[8] 参见杨伯峻：《论语译注》，中华书局 1980 年版，第 182 页。

的是现实法则。从政过程中，他们或尽力维护主人利益，或眼见非礼行为而无所作为，皆不会因孔子教诲或儒家团体的共同理想而放弃这一法则。

孔子曾说："先进于礼乐，野人也；后进于礼乐，君子也。如用之，则吾从先进。"① 他不主张血统论，看重那些"先进于礼乐"的"野人"，而"先进于礼乐"即先学习礼乐知识再入仕，符合孔子培养君子以控御权力的教育理念，也说明孔子希望他的学生熟练掌握礼乐知识，成为主动维护周礼的精英，这样的人去参政，自然会成为维护周礼的中坚力量。不过，孔子的这一想法与其弟子的从政活动之间并无直接、具体的事实连接，他们的从政活动往往受现实政治力量的约束或规范，学习到的礼乐知识也往往服务于现实的政治法则。《论语·先进》记载，孔子的学生各有各的特点，"德行：颜渊、闵子骞、冉伯牛、仲弓。言语：宰我、子贡。政事：冉有、季路。文学：子游、子夏。"在从政方面，冉有和子路颇有建树，笔者以此二人来论述孔子弟子的参政目的。

冉有为季氏家臣，处处维护季氏利益，亦处处唯季氏为瞻，从不对季氏违背周礼之行提出质疑，也从不对季氏搜刮百姓的不当行为提出异议：

> 季氏旅于泰山。子谓冉有曰："女弗能救与？"对曰："不能。"子曰："呜呼！曾谓泰山不如林放乎？"②
>
> 季氏富于周公，而求也为之聚敛而附益之。子曰："非吾徒也。小子鸣鼓而攻之，可也。"③

---

① 《论语·先进》，见程树德撰，程俊英、蒋见元点校：《论语集释》，中华书局 2014 年版，第 949 页。

② 《论语·八佾》，见程树德撰，程俊英、蒋见元点校：《论语集释》，中华书局 2014 年版，第 194 页。

③ 《论语·先进》，见程树德撰，程俊英、蒋见元点校：《论语集释》，中华书局 2014 年版，第 999 页。

季氏以卿大夫之位祭祀名山大川，孔子问冉有能不能劝阻，冉有直接说："不能。"季氏富可敌国，冉有还替他聚敛财富，孔子气愤至极，才会说出"小子鸣鼓而攻之"的话。冉有曾辩解道："非不说子之道，力不足也。"①把他只为主子谋利益而违背孔子教诲的行为说成是力不从心。孔子对此十分失望。当冉有处理完政事，到孔子住处与孔子交谈，孔子问："何晏也？"冉有回答说："有政。"孔子说："其事也。如有政，虽不吾以，吾其与闻之。"②孔子直陈冉有处理的是政务而非政事，这进一步说明，孔子仅把冉有看作是一般的吏员，只能处理点杂事，无法从政事角度践行孔子理想。除冉有外，"季孙养孔子之徒，所朝服与坐者以十数"③，他们的从政意图和政治心态应与冉有相类似。

子路追随孔子的时间颇长，自身也颇具从政能力，季康子曾问孔子："仲由可使从政也与？"子曰："由也果，于从政乎何有？"④孔子认为子路行事果断，适合从政。从《论语》所载子路言行看，子路是一个性情耿直甚至有些粗鲁的人，但他坦率、霍达的个性有时也得到孔子赞许。子路追随孔子的目的就是要学习为政之道，对孔子借某种政治势力恢复周礼的想法不以为然。子路跟随孔子周游列国，在卫国，孔子见了卫灵公夫人南子，子路对此很有意见，孔子不得不发誓说："予所否者，天厌之！天厌之！"⑤子路想让子羔做费地的长官，孔子说："贼夫人之子。"子路回道："有民人焉，有社稷焉，何必读书，然后为学？"子路认为费有百姓、土地和五谷，如去做官就有管理和控制的对象，何必要

---

① 《论语·雍也》，见程树德撰，程俊英、蒋见元点校：《论语集释》，中华书局2014年版，第500页。

② 《论语·子路》，见程树德撰，程俊英、蒋见元点校：《论语集释》，中华书局2014年版，第1177页。

③ 《韩非子·外储说左下》，见（清）王先慎撰，钟哲点校：《韩非子集解》，中华书局2013年版，第322页。

④ 《论语·雍也》，见程树德撰，程俊英、蒋见元点校：《论语集释》，中华书局2014年版，第489页。

⑤ 《论语·雍也》，见程树德撰，程俊英、蒋见元点校：《论语集释》，中华书局2014年版，第540页。

学习礼乐才能为官。孔子叹道："是故恶夫佞者。"[①]子路直截了当地表明他对现实政治法则的遵从之心，以及对孔子之道的不理解、不支持，这引起了孔子的反感，称他为"佞者"。

《论语·季氏》记载的"季氏将伐颛臾"一事，更能直观地看出孔子与冉有、子路之间在政见上的分歧。冉有用他一贯的说辞，把责任推到季氏头上，"夫子欲之，吾二臣者皆不欲也。"孔子感叹："求！君子疾夫舍曰欲之而必为之辞。丘也闻有国有家者，不患寡而患不均，不患贫而患不安。盖均无贫，和无寡，安无倾。夫如是，故远人不服，则修文德以来之。既来之，则安之。今由与求也，相夫子，远人不服，而不能来也；邦分崩离析，而不能守也，而谋动干戈于邦内。吾恐季孙之忧，不在颛臾，而在萧墙之内也。""不患寡而患不均"一语有多种解释，就为政之道而言，反映了孔子的一贯主张。孔子主张恢复周礼，在当时的时代背景下显然不合时宜，冉有、子路等人按照季氏试图专权的意图辅佐之，似乎吻合了参政的现实法则，然而，从长远角度看，他们表面是在为季氏谋取更多民众、土地，实际上是在制造一股一家独大的政治力量，而这股政治力量真的做到一家独大后，因失去其他政治力量的制衡，最后也会崩解。"不患寡而患不均"实际上反映的是贵族政治中各种政治力量既对立又依存的关系，孔子弟子昧于现实法则，看不到这一点，季氏更是如此。

学生及时人遵循着的现实法则或其他思想主张，带给孔子诸多烦扰。比如，樊迟向孔子请教"学稼""为圃"，孔子只能说："吾不如老农""吾不如老圃"，并批评他说："小人哉，樊须也！上好礼，则民莫敢不敬；上好义，则民莫敢不服；上好信，则民莫敢不用情。夫如是，则四方之民襁负其子而至矣，焉用稼？"[②]樊迟背离了儒家开私学的根本

---

① 《论语·先进》，见程树德撰，程俊英、蒋见元点校：《论语集释》，中华书局2014年版，第1026—1028页。

② 《论语·子路》，见程树德撰，程俊英、蒋见元点校：《论语集释》，中华书局2014年版，第1156—1158页。

目的，"学稼""为圃"之举只是为了过"小人"生活，不是为了君子之道，其言行显然不符合孔子的教学及参政目标。达巷党人说："大哉孔子！博学而无所成名。"子闻之，对弟子们说："吾何执？执御乎？执射乎？吾执御矣。"①从孔子的回应看，"博学而无所成名"指的是孔子虽博学却在政坛上没有名声、无所建树。世人的误解乃至讥讽背后，无非是说孔子不懂得遵循现实政治法则，只懂得遵奉遥不可及的周礼。长沮、桀溺"耦而耕"，子路向他们"问津"，长沮讥孔子道："滔滔者天下皆是也，而谁以易之？且而与其从辟人之士也，岂若从辟世之士哉？"夫子回应道："鸟兽不可与同群，吾非斯人之徒与而谁与？天下有道，丘不与易也。"②长沮、桀溺为隐者，颇具道家风范，从其言论看，《老子》展示出的道家理念在孔子的时代已然形成，且已经在世人中有所传播，长沮希望子路也能"辟世"，无疑是在传播道家思想。孔子因坚持自己的政治理念而不能闻见于政坛，进而受人误会或议论，或受到其他学派的挑战，都说明在现实世界坚持理想是多么艰难。

从孔子弟子们遵循政治的现实法则角度看，这一方面是一种有效的生存法则，因吻合了现实政治的需要，能够取得明显有效的政治效果。冉有在季氏家中的地位，子路在卫国谋得的高位等，都说明了这一点。另一方面，他们在政治上的成功反衬出孔子的无奈与悲哀。孔子曾说："不在其位，不谋其政。"③这不失为一种生存智慧，却也透露着孔子无法获得参政机会的无奈心境。他在陈国时说："归与！归与！吾党之小子狂简，斐然成章，不知所以裁之。"④学生们的行止不能达成孔子

---

① 《论语·子罕》，见程树德撰，程俊英、蒋见元点校：《论语集释》，中华书局2014年版，第734—736页。
② 《论语·微子》，见程树德撰，程俊英、蒋见元点校：《论语集释》，中华书局2014年版，第1629—1635页。
③ 《论语·泰伯》，见程树德撰，程俊英、蒋见元点校：《论语集释》，中华书局2014年版，第698页。
④ 《论语·公冶长》，见程树德撰，程俊英、蒋见元点校：《论语集释》，中华书局2014年版，第443页。

心愿，这令孔子很失望。孔子曾评价自己："其为人也，发愤忘食，乐以忘忧，不知老之将至云尔。"[①]为了实现自己的政治理想，孔子上下求索、发奋以为，最终落得个"知其不可而为之"[②]的名声。作为儒家践履之学的创立者和实践者，孔子最终没能以他的政治作为影响社会现实。[③]暮年，孔子曾悲叹道："甚矣吾衰也！久矣吾不复梦见周公！"[④]"凤鸟不至，河不出图，吾已矣夫！"[⑤]这种终其一生无法改变社会政治现实而满怀感伤之心境与冉有等弟子从政时的功利心态可谓相去甚远。

"儒家的政统路线认为，国家的主要目的是支持和维护道德、社会以及文化的秩序，以使天下和谐太平。"[⑥]孔子渴望政府承担道义精神，士人也应当以高尚的知识和道德去支持道义政府。但问题的关键是君权更愿意用权力控制人而非在承担道义方面作出更多文章，当然，问题的关键还在于面对现实法则时，士人的价值取向也更多地受权力的诱导或制约。

## 三、孔子政治理想的超越性

从上述分析看，孔子政治理想具有一定的超越性，绝非仅遵从于现实政治原则，恢复周礼的意志与他对时代发展的理解也是相契合的，并非食古不化。

学界对孔子政治观乃至孔子本人的评价，往往与他们对整个中国传

① 《论语·述而》，见程树德撰，程俊英、蒋见元点校：《论语集释》，中华书局 2014 年版，第 618 页。
② 《论语·宪问》，见程树德撰，程俊英、蒋见元点校：《论语集释》，中华书局 2014 年版，第 1327 页。
③ 参见 [美] 顾立雅：《孔子与中国之道》，高专诚译，大象出版社 2004 年版，第 168 页。
④ 《论语·述而》，见程树德撰，程俊英、蒋见元点校：《论语集释》，中华书局 2014 年版，第 570 页。
⑤ 《论语·子罕》，见程树德撰，程俊英、蒋见元点校：《论语集释》，中华书局 2014 年版，第 758 页。
⑥ [美] 史华慈：《寻求富强：严复与西方》，叶凤美译，中信出版社 2016 年版，第 9 页。

统文化的看法，或者对儒家思想的评价是紧密联系在一起的。对于孔子政治观念来说，黜孔者责之过切，尊孔者又拔之过高，都无平实心态，亦无理性判断。比如，钱穆先生认为孔子参政"乃为中国为全人类谋"[①]，钱先生尊孔学而过于拔高了孔子的入仕目的，显然与事实不符。黜孔者或批判孔子入仕的具体行为情状，或从孔子思想所处时代背景出发，分析其不具超越性的原因，其中，如笔者在绪论中所言，何炳棣先生以中国文化的"宗法基因"反推孔子乃至儒家思想的宗法特性，进而认为儒家思想与现代民主等不相合，实际上就等于否定了孔子政治观的超越性，尽管他也承认"有教无类"等仁爱理想具有超越宗法的特性。

雷海宗先生曾说："中国自四千年前文化初开起，就选择了家族生命与家族发展为人生的最高目标，四千年间并无根本的变化。"[②] 这一判断现在看来并非没有可质疑之处，纵观中国古史，一些思想家、政治家的思想、行止超越其家族生命与家族发展，以整个国家或其思想信念为人生最高目标者，代不乏人。就孔子来说，他参政的目的如果是为了其家族生命与家族发展的话，那么，好不容易为季氏青睐，自当遵守从政的现实法则，极力维护季氏的利益，借季氏权势光宗耀祖，恢复孔氏往日荣光。事实上，孔子并没有这样做，他"堕三都"的结果不仅不能为其家族争得利益，还给他和他的家庭带来很多麻烦，他出国求仕有可能是受到了三桓势力威胁而不得已为之。因此，就孔子一人来判断雷先生、何先生等人的结论，足可以说明中国古代的前贤中不乏以思想信念为人生目标者，并非都遵从于宗法秩序。

从另一方面看，孔子试图借助一些政治势力的支持恢复周礼，其目的在于恢复原有的社会政治等级差序，使各种社会政治力量都能遵从既有的权力规范，从而稳定天下局势，这不失为解决社会政治危机的一种思路，把它说成是为全人类谋福利，为万世开太平，显然是不恰当的。

① 钱穆：《孔子传》，生活·读书·新知三联书店2002年版，第31页。
② 雷海宗、林同济：《文化形态史观》，吉林出版集团2010年版，第149页。

思想家的政治观往往是对他所处时代政治局面的回应，思想家所提出的权力的顶层设计方案往往与当时具体的政治状况相关联，他提出的施政措施也往往针对当时的社会政治状况而发。因此，思想家提出的政治观往往是具体的，或者说往往是对现实的回应。尽管一些大的思想家的政治观具有时代超越性，但把这种超越看成是万世不移的真理，恐怕也是不符合实际的。孔子生在乱世，尽管向往周公之治，但毕竟没有在那样的时代生活过，他所理解的周公之道往往是一种理想情境，加之生在乱世中的诸子，其思想往往具有一定的空想性，所以孔子等提出的解决乱世之困的方案也有一定的空想性。总之，孔子政治观针对的是具体的施政问题，与其生活的时代紧密相关，加之理想化的周礼与所处乱世的现实之间的某种张力，都决定了孔子政治观的超越性本身就具有一定的有限性，不能因尊孔而过于放大这种超越性。

就孔子政治观的超越性而言，首先，孔子试图实现的政治理想与其个人命运、家族荣光之间有一定的张力，为了实现其政治理想，孔子的人生因此出现诸多困顿，在最接近顶层权力之时，孔子也没有把家族的发展放在第一位，从这个角度讲，孔子的政治观具有一定的理想性。因此，与更多的施政者遵从现实的政治法则相比，具有一定超越性。其次，孔子以旧制解决时下问题的观点，尽管在当时得不到人们的理解、支持，但从历史发展的实际进程看，在我国新旧交错的历史时期，借用旧制来稳定局势的做法并不鲜见。孔子政治观的保守性是不言而喻的，也无须为之隐晦，事实上，笔者认为保守并非指落后，以古代之法解决现实问题的思路也并非一无是处，问题的关键是，这样的既有秩序是否能被新时代的各种政治力量所能承纳或消化。从历史发展的具体状况来说，刘汉政权以分封容纳旧制，并以广封众建的形式向民间推行授爵、授田宅之制，显然属于承纳旧制的范畴。[1] 总之，孔子政治观的保守特

---

① 参见李健胜：《文本与政治变迁——思想文化史视域中的秦汉君主专制及其建构》，《中国史研究》2014 年第 3 期。

质与儒家的历史观、知识观等都有一定关联，是其思想观念总体特征的一种表现，不能因其保守而断定其没有超越性。最后，就孔子秉持的具体政治观念来说，他试图恢复既相互对立又相互依存的君臣关系，强调君上的垂范作用，看重臣下的独立意志，这些都蕴含着朴素的具有普世性质的政治观念，而这一观念是一切理性政治的基础，也是通约古今中外的政治智慧，它不仅代表着孔子思想的超越性，也是中华文明中宝贵的思想资源，像一个火种，穿越历史时空，至今都是中国人创新发展的思想动力。从这一点讲，孔子政治观念不仅具有超越性，而且是中华文明具有时代超越性的一个典型。

## 第二节　成为乐师——孔子的身份意识

孔子在齐国听到《韶》乐，三月不知肉味，感叹："不图为乐之至于斯也。"[1]孔子服膺乐教的确无疑，但对《韶》乐的评价及其略显夸张的行止是否还有他意，这一点值得深思。事实上，就孔子身份意识而言，成为乐师是其政治理想的组成部分，这一方面是对自身乃至儒家身份的重塑，另一方面也是儒家政治理念发生转换的重要形式。

### 一、先秦儒家职业与身份的错位

想要搞清楚孔子的身份意识，以及他对个人及整个儒学群体身份的重塑，首先应当了解"儒"的起源，并对早期儒家职业与身份之间的错位关系有所认知。

---

[1]　《论语·述而》，见程树德撰，程俊英、蒋见元点校：《论语集释》，中华书局 2014 年版，第 589 页。

## （一）儒家的起源及其职业的变化

关于"儒"的起源，历来皆有所讨论，至近代成为学界一大问题，为诸名家所关注。《礼记·儒行》云："儒有澡身而浴德"，以沐浴己身喻儒家之德，这是较早解读儒者起源的文字。班固引《七略》："儒家者流，盖出于司徒之官，助人君顺阴阳明教化者也。游文于六经之中，留意于仁义之际，祖述尧舜，宪章文武，宗师仲尼，以重其言，于道为最高。"①《七略》所谓儒之起源，本自春秋战国之时的儒家私学，那些教授六艺为生的儒者，与西周王官之学有渊源关系，且以弘扬尧舜文武之道为其宗旨。郑玄《三礼目录》云："儒之言优也，柔也。能安人、能服人。又儒者，濡也，以先王之道能濡其身。"郑氏综合前说，从"儒"的字形字义上指出"儒"与"濡"的关系，又以"柔"概括儒者的身份特征，以"安人""服人"总结儒者的职业特点。从以上的文献可以看出，古人对于儒者起源的认识，主要本宗于春秋战国时的儒家私学，重点在于强调儒者的教化之道，虽涉及"儒"的源起问题，但这并不是重点。且不说儒家起于王官是否有理有据，就儒家的身份来说，从源起之始就专注于教化的说法显然不符合基本的史实。无论是儒家作为教授学生内容的礼、乐、射、御、书、数，还是承续上古文明的诗、书、礼、易、乐、春秋，皆是商周时期的文明创造，而儒的起源至少要上溯至商代，那么，在六艺、六经处于生成期时，本之以施教化，似乎是不能成立的。另外，上古巫风浓厚，商王往往以巫术占卜吉凶，频繁祭祀祖先、天地、山川诸神，以神秘的巫术宗教及其传达出的权力意志治理民众，而以德化民是周文化的特色，尤其是周公制礼作乐之后，德治理念风行一时，因此，即使以儒家的教化特长解释他们的起源，最远也只能上推至文武周公之时。总之，上述诸文献关于儒家起源的解释一方面可能与史实不符，另一方面也体现不出他们的职业特点及其前后变化。

---

① 《汉书》卷三〇《艺文志》，中华书局 1962 年点校本，第 1728 页。

　　关于儒家起源及其职业特点，《说文解字》给出了较为明确的答案，其文云："儒，柔也，术士之称。"暂且不说"柔"字所阐发的儒家身份特征，所谓"术士之称"似乎揭开了儒家起源的神秘面纱，为近现代学者进一步研究该问题起到了关键性的提示作用。章太炎曾在《原儒》中把儒家分为达、类、私三类，达名之儒为术士，类名之儒知礼乐射御书数，章氏还引《七略》视"出于司徒之官"者为私名之儒。[①]章氏一方面把儒的起源上推至"术士"兴起的殷商时代，另一方面揭示了儒者身份的历史变迁，推进了学界对儒家起源的认识。当然，值得关注的是，章氏黜孔，因此对孔子评价不甚客观，他在1902年重订《訄书》中新增《订孔》一文，称"孔氏，古良史也。辅以丘明而次《春秋》，料比百家，若旋机玉斗矣。谈、迁嗣之，后有《七略》。孔子死，名实足以伉者，汉之刘歆。"[②]把孔子视为和左丘明、司马谈、司马迁一类的"良史"，不仅完全忽视了春秋儒家以教化为务的理想宗旨，也完全背离了儒家职业身份的真实状况。

　　近代学者中，研究儒家起源最为用功者当属胡适，他举多年之功所作的《说儒》一文，揭示了儒家真实的来源，其起初职业身份的特色，及以"柔"释"儒"的原因等重大学术问题。胡适认为，儒是殷民族的教士，他们秉持着亡国遗民柔逊的人生观，并以治丧、相礼、教学为职业。[③]他的立论既有文献依据，又有逻辑思辨支撑，令人信服。"术士"最为活跃的时代当属殷商，后人视为怪诞不经的巫术，在当时是一种严肃的文化活动，掌握这种技艺者也是当时有身份有地位的文化人，加之儒家可能掌握着文字书写能力，他们辅助大小贵族治丧、相礼、占卜，等于参与商王朝的重要政治事务，因此，不仅身份尊贵，政治地位也颇高。20世纪70年代，徐中舒先生撰文进一步讨论了儒家的起源，他认为，原始的"儒"字在甲骨文中写作"需"，其字形像人在淋浴时水从

①　参见章太炎：《国故论衡》，上海古籍出版社2003年版，第104—106页。
②　章太炎著，朱维铮编校：《訄书 初刻本 重订本》，中西书局2012年版，第116页。
③　参见胡适：《说儒》，《胡适文存》（第四集），黄山书社1996年版，第1—25页。

头顶冲洗而下之形，"儒"的本义为"濡"，以沐浴斋戒示其诚敬，从"需"的字也往往包含着柔、软的意思，"儒"源于商代的巫师，当时的术士主神事、祭祀、占卜之事。[①]徐先生在当时颇为严峻的学术环境中能够用甲骨文进一步研探儒者的起源，可谓难能可贵，他的观点进一步证实，儒者起源于商代的巫师，起初的职业多与神事相关，与德教关系不大。

周承殷制并有所损益，而政治宗教化是周代的支配思想[②]，受商周革命的刺激，周人有天命靡常的观念，加之人类文明的进化及本民族文化特色的影响，巫文化对于周人的影响力应当不及商代，尤其是在巫文化衰落后，巫的政治、文化地位也随之下降。在这一过程中，作为巫师一种的儒者，一部分可能仍在从事旧职，一部分可能失去了祭祀、占卜的特权，一部分或在王官之学教授书数一类的知识，更多的儒者沦为刀笔吏，他们在职业上的分化可能延续了很长时间，至春秋中后期仍有这种状况，因此孔子才会对子夏说："女为君子儒！无为小人儒！"[③]儒家本来自视为道德高尚者，因此，此处的"君子""小人"应当不是指德性，而是指所从事职业的高下，"君子儒"应当是以完美德性控御权力、掌教化的君子，"小人儒"可能是任人使唤的刀笔吏。

### （二）儒家面临的职业困境

春秋以来，儒家面临着更多的职业困境，他们的身份意识与现实地位之间的差异进一步拉大，是一个走下坡路的社会群体。

周王室的东迁及其政治地位的衰落，使得依托周王室从事祭祀、占卜的儒者失去了权力体系的护佑；王官之学的衰败使得以教学为生的儒者不得不另谋出路；祖述尧舜、宪章文武的保守政治观使得他们不能容

---

① 参见徐中舒：《甲骨文中所见的儒》，《四川大学学报》（哲学社会科学版）1975 年第 4 期。
② 参见侯外庐等：《中国思想通史》（第一卷），人民出版社 2011 年版，第 74 页。
③ 《论语·雍也》，见程树德撰，程俊英、蒋见元点校：《论语集释》，中华书局 2014 年版，第 502 页。

见于政坛。种种原因使得儒者面临严重的职业困境，也使得更多的儒者成为处理杂务、刑狱的刀笔吏。

从孔子本人的职业历程来说，少年时代的他"尝为季氏史"[1]，所从事的是一般的杂役类工作，后来，得到季氏提拔后，官至大司寇，虽已进入权力中枢，但主要掌管的仍是刑狱之事。孔子的学生子路、冉有等人先后做了季氏家臣，政治地位并不低，但是，在孔子看来，他们只不过是处理杂事的史，而非掌教化之乐师，这一点已在上文中述及。

由此可见，孔子等人面临的职业困境与他们的政治理想之间形成巨大的反差。孔子想从事教化之职，却以断狱而闻名，他培养学生的目的是想让他们在得到诗书教化之后，能以君子身份参政议政，但从参政的具体情况看，显然多从事府、史、胥、徒一类的史官，而非掌教化的乐师。细究导致这一结果的原因，主要还是与儒者原有职业有关。

西周以降，儒者多为刀笔吏，他们尤其擅长刑狱之事，是典型的史官。阎步克先生认为，早期儒者与商周王朝中主管乐舞的官员在文化上有着一脉相承关系，王朝乐师的主要职责是诗书礼乐为教，而春秋战国的儒家也本于此，加之王朝国学中的担任舞人的青少年学子，可能就是"儒"的早期形态，而教官乐师则相当于"师儒"，因此，儒家与乐师在文化上的这种传承关系，对儒家思想特征的形成具有重大影响。[2]从阎先生的阐释看，西周以降的儒者至少在职业身份上没有大的变化，其身份与职业间也无大的错位。商周时期作为巫师之一的儒者可能与乐舞之类的文化现象有一定关联，但是，西周中后期以来儒者身份基本与乐师无关，仍有机会接触到权力体系的儒者，大多为史官，从事的职业与专任教化的乐师几无关联。

就儒者面临的具体职业困境来说，主要表现为以下两大方面。第一，儒者的从政意志与大多为吏员身份的现实之间形成巨大反差，使得

---

[1] 《史记》卷四七《孔子世家》，中华书局 1959 年点校本，第 1909 页。

[2] 参见阎步克：《乐师与"儒"之文化起源》，《北京大学学报》（哲学社会科学版）1995 年第 5 期。

儒者以乐师身份参与民众教化的想法往往只能停留在观念层面。从职业根源上讲，儒者曾有过光辉的职业经历，他们在商代是掌握祭祀的神职人员，在当时权力体系中处于较高地位，时代的变迁、文明的盛衰使得儒者的职业地位一再下降，至西周中后期，大部分儒者从事的是文书、扫洒、刑狱等的一般性事务，与承担宿卫轮值的士庶子、宫中服役者、百工、军士等 ①，都属于史官一类。所不同的是，儒者往往掌握着六艺，属于知识群体，他们向往以乐师身份掌国家教化之职，不甘于沦为一般的吏员。然而，直到孔子之时，大多数儒者只能遵从于现实政治的需要，在大小贵族家族任职，只能辅助贵族处理一般性事务，无法参与教化百姓之事。正唯如此，对于春秋乃至战国时代的儒家而言，存在着以怎么样的身份去实现其参政意志的问题。进而言之，尽快摆脱社会赋予的史官角色，从身份塑造角度改善自身的处境，成为儒家必须面对的大问题。

第二，儒家面临的职业困境还与他们的精英意识有关。儒者曾经是国家精英，尽管他们的政治地位随时代演进大幅度下降，但他们秉持的精英意识并没有因此消弭。相反，春秋时期，那些掌握六艺的儒生，大多拥有救乱世于水火的精英意识，当他们不得不从事府、史、胥、徒一类的吏员之职，无法从根本上改变自身处境时，职业困境由此形成，并对他们的身份意识造成困扰。

儒家的职业困境是时代发展与文明衍进造成的，这一过程中，既有职业断裂的问题，也有身份意识前后相继的因素。从职业断裂角度看，原来从事祭祀、占卜之职的儒者，因时代的变迁，无法继续从事前职，只能降格为一般的史官，从事文书制作、刑狱之职的儒者，从职业角度无法自然而然地取得乐师身份。从身份意识的延续看，儒者向来认为自己是社会精英，在巫风甚浓的商代，他们以巫师的身份与技能行使国家

---

① 参见阎步克：《乐师与史官：传统政治文化与政治制度论集》，生活·读书·新知三联书店 2001 年版，第 140—145 页。

管理与社会控制之权，在看重教化、尊贤重能的新时代，他们渴求乐师身份，拥有主动参政议政的决心和意志。尽管理想与现实之间有很大差距，但不变的是他们前后相续的精英化的身份意识。

针对这样的职业困境，春秋时代的儒家需要一些新的社会契机，也需要获得特定政治势力的支持，以改变他们的现实身份，并实现他们的政治抱负，这一点笔者已在前文述及。此外，更需要儒家自身通过努力，改变现实身份。在这一点上，孔子既具有明确的问题意识，又有实际行动，他的努力最终的确改变了儒家的历史命运。

## 二、孔子对儒家政治身份的重构

孔子少年时代作委吏、乘田，主要是因为家里贫困，不得已而为之。到后来，尽管在学业、授徒方面获得很大成功，仍没有真正摆脱史官身份。孔子曾说："听讼，吾犹人也。必也使无讼乎！"[1] 又说："片言可以折狱者，其由也与？"[2] 可见，孔子和子路皆任"听讼"之职，从事刑狱之事，这是典型的史官作为。统观《论语》《孟子》等儒家传记作品，能够清晰地感觉到，当时的儒家虽然致力于诗书教化，但在现实生活中，往往以听讼折狱而闻名，或者以此为谋生手段。儒家不甘于私学相授的纯学术生活，更不甘于与府、史、胥、徒之流为伍，他们试图重塑自己的政治身份，借此改变自身形象，获得参与政事的机会，而孔子以身作则，穷其一生，试图为儒家谋得乐师身份。

### （一）塑造乐师身份

《左传·襄公二十九年》，吴王寿梦四子札至鲁国，"请观于周乐"，

---

① 《论语·颜渊》，见程树德撰，程俊英、蒋见元点校：《论语集释》，中华书局 2014 年版，第 1111 页。

② 《论语·颜渊》，见程树德撰，程俊英、蒋见元点校：《论语集释》，中华书局 2014 年版，第 1106 页。

吴公子札对诸乐有如下评价：

> 使工为之歌《周南》《召南》，曰："美哉！始基之矣，犹未也，然勤而不怨矣。"为之歌《邶》《墉》《卫》，曰："美哉，渊乎！忧而不困者也。吾闻卫康叔、武公之德如是，是其《卫风》乎？"为之歌《王》，曰："美哉！思而不惧，其周之东乎？"为之歌《郑》，曰："美哉！其细已甚，民弗堪也。是其先亡乎？"为之歌《齐》，曰："美哉，泱泱乎！大风也哉！表东海者，其大公乎？国未可量也。"为之歌《豳》，曰："美哉，荡乎！乐而不淫，其周公之东乎？"为之歌《秦》，曰："此之谓夏声。夫能夏则大，大之至也，其周之旧乎？"为之歌《魏》，曰："美哉，沨沨乎！大而婉，险而易行，以德辅此，则明主也。"为之歌《唐》，曰："思深哉！其有陶唐氏之遗民乎？不然，何其忧之远也？非令德之后，谁能若是？"为之歌《陈》，曰："国无主，其能久乎？"[1]

吴公子札评价诸乐并把它们与国运、教化之道结合起来，其评价标准往往与相应国家的运势相吻合，这显然说明这种语类材料是后人编入《左传》的，其意义不在于所述之事的真实性，而在于用此类材料注解《春秋》，以证明乐教在当时的重要性，说明作为周礼组成的乐教，在春秋时期，仍为鲁国等文化传统深厚的姬姓封国所保留。

孔子尊奉周礼，自然也就提倡乐教，更为关键的是，孔子看重的是演礼乐之教的身份与地位。孔子赞美《韶》，不仅欣赏《韶》之美，更能深谙其中的教化之道，而从知识传播学角度看，"三月不识肉味"的说法，说明孔子十分在意其对《韶》乐态度的对外传播，并以此建构自己的乐师身份。孔子至宋国，"与弟子习礼大树下。宋司马桓魋欲杀孔

---

[1] 《左传·襄公二十九年》，见杨伯峻：《春秋左传注》，中华书局2009年版，第1161—1163页。

子，拔其树。孔子去。"① 孔子在宋国"习礼"，必定有演乐的内容，这样做的目的，无非是想引起宋国执政者关注，以实现参政之目的。此外，在众目睽睽之下演乐，其目的还在于让世人看到孔子及其弟子能堪乐师之职，进而以乐师身份示人。尽管在齐国以深谙乐礼之道示人，但终不被齐景公任用，在宋演礼遭人驱逐，但孔子试图建构乐师身份的努力，仍给人们留下深刻印象。

孔子把自己及其弟子塑造为乐师形象的努力，表现在其日常生活中，"子于是日哭，则不歌"②，"子与人歌而善，必使反之，而后和之"③。这些行止一方面说明孔子遵守乐师之道，另一方面说明孔子乐于此道，日常生活已然与乐师之职融为一体。孔子更是一位深谙音乐之道者，他曾说："乐其可知也：始作，翕如也；从之，纯如也，皦如也，绎如也，以成。"④ 孔子向鲁国太师传授奏乐的道理，熟练掌握庙堂音乐起始至终至各阶段的演奏特点。他还对各类乐舞有自己的见解：

> 子谓《韶》："尽美矣，又尽善也。"谓《武》："尽美矣，未尽善也。"⑤
>
> 子曰："《关雎》，乐而不淫，哀而不伤。"⑥
>
> 子曰："吾自卫反鲁，然后乐正，《雅》《颂》各得其所。"⑦

---

① 《史记》卷四七《孔子世家》，中华书局 1959 年点校本，第 1921 页。
② 《论语·述而》，见程树德撰，程俊英、蒋见元点校：《论语集释》，中华书局 2014 年版，第 580 页。
③ 《论语·述而》，见程树德撰，程俊英、蒋见元点校：《论语集释》，中华书局 2014 年版，第 643 页。
④ 《论语·八佾》，见程树德撰，程俊英、蒋见元点校：《论语集释》，中华书局 2014 年版，第 280 页。
⑤ 《论语·八佾》，见程树德撰，程俊英、蒋见元点校：《论语集释》，中华书局 2014 年版，第 287 页。
⑥ 《论语·八佾》，见程树德撰，程俊英、蒋见元点校：《论语集释》，中华书局 2014 年版，第 257 页。
⑦ 《论语·子罕》，见程树德撰，程俊英、蒋见元点校：《论语集释》，中华书局 2014 年版，第 783 页。

孔子曰："益者三乐，损者三乐。乐节礼乐，乐道人之善，乐多贤友，益矣。乐骄乐，乐佚游，乐宴乐，损矣。"[1]

孔子认为《韶》尽美尽善，《武》尽美未尽善，而《关雎》节制有道，晚年返鲁后，更是对鲁国诸乐做了修正，使它们"各得其所"，并对音乐的"益""损"表现做了总结，这说明他不仅深谙音乐之道，晚年时已然拥有乐师身份。

孔子建构乐师身份的努力还体现在对弟子的教诲上。孔子培养学生的目的在于让他们成为合格的君子，而君子应当具备的素质之一即是接受乐教，熟悉乐教并实施乐教。孔子认为，君子应当"兴于诗，立于礼，成于乐"[2]。乐教的意义在于以乐达成所学，即以乐教体现自身的修养。这说明孔子希望弟子们能够成为乐师，并以乐师身份完善自身所学。孔子还说："礼云礼云，玉帛云乎哉？乐云乐云，钟鼓云乎哉？"[3]意思是说，礼并不等同于玉帛，乐也不能等同于钟鼓，表现礼乐的外在形式不能取代它们的真实意义，对于学生而言，仅学习礼乐的皮毛是不够的，要抓住它们的实质。孔子还说过："人而不仁，如礼何？人而不仁，如乐何？"[4]这句话可以引申为：以仁爱理念配合礼乐，以礼乐表达仁爱，是乐师的最高职业境界。

在教导学生为政之道时，孔子说过："恶紫之夺朱也，恶郑声之乱雅乐也，恶利口之覆邦家者。"[5]"郑声"乃淫乐，不仅不能有利于教化

---

① 《论语·季氏》，见程树德撰，程俊英、蒋见元点校：《论语集释》，中华书局2014年版，第1483页。

② 《论语·泰伯》，见程树德撰，程俊英、蒋见元点校：《论语集释》，中华书局2014年版，第682—684页。

③ 《论语·阳货》，见程树德撰，程俊英、蒋见元点校：《论语集释》，中华书局2014年版，第1566页。

④ 《论语·八佾》，见程树德撰，程俊英、蒋见元点校：《论语集释》，中华书局2014年版，第183页。

⑤ 《论语·阳货》，见程树德撰，程俊英、蒋见元点校：《论语集释》，中华书局2014年版，第1578页。

之道，相反，可能会让国家覆亡，因此，作为合格的乐师，既要有辨别礼乐益损的能力，更要以身作则，拒斥淫乐。颜渊问孔子为邦之道。他说："行夏之时，乘殷之辂，服周之冕，乐则《韶》《舞》。放郑声，远佞人。郑声淫，佞人殆。"[1]治国要用《韶》《武》，郑国的淫乐淫秽靡废，如小人一样，一定要弃绝。子游在武城实施乐教，孔子至此地，"闻弦歌之声"。笑道："割鸡焉用牛刀？"子游对曰："昔者偃也闻诸夫子曰：'君子学道则爱人，小人学道则易使也。'"孔子回应说："二三子！偃之言是也。前言戏之耳。"[2]这条语录说明，孔子晚年时，个别学生在实践乐教，已然以乐师身份执政地方。

### （二）乐师身份的意义

孔子建构乐师身份，对己对弟子乃至整个儒家群体，都有着不凡的意义。首先，孔子于晚年真正拥有乐师身份，实现了他个人的身份转换，使得从事诗书之教的儒者身份与阐释礼乐之道的社会身份之间得以契合，尽管他没有执政的机会，但对孔子来说，施教化之道的对象甚至可以包括鲁国的政治上层。孔子以毕生之力获得的这一身份，使他从私学性质的君子成为具有执政资格的乐师，部分地实现了他的政治理想，也提升了他个人的政治身份。其次，孔子以养成君子要求学生，希望学生通过学习六艺，熟读六经，既以诗书之教提升自己，又能以诗书之教教化他人，也希望自己的学生能够以乐师身份参政议政。孔子学生中，能够达到诗书之教要求者不在少数，但在现实政坛上有乐师身份者不多，对于前者，孔子及其弟子通过修身、教化等，在可掌控的范围内自主地修养君子人格；对于后者，往往需要某种政治势力的支撑，需要外在权力体系的承纳，并非仅仅靠儒家个体的努力可以达到。不过，从

---

[1] 《论语·卫灵公》，见程树德撰，程俊英、蒋见元点校：《论语集释》，中华书局2014年版，第1388—1400页。

[2] 《论语·阳货》，见程树德撰，程俊英、蒋见元点校：《论语集释》，中华书局2014年版，第1531—1532页。

子游等人的言行看，弟子们在身份意识上和孔子达成某种一致性，无论是对于孔子本人而言，还是对于弟子们来说，都是具有积极意义的。最后，先秦儒家的精英意志，致力于掌教化之职等的身份意识及其群体认同，皆与孔子重构儒家身份的努力有关。先秦儒学有鲜明的私学特征，这一时期的儒家大多与现实保持着一定的距离，且往往对社会现实持批评态度。① 正唯如此，儒家一旦要参政理政，就要面临如何获以恰当的政治身份以控御权力，如何在参政过程保全精神人格，而解决此类问题，都要仰赖"乐师"这一身份。

儒家的乐师身份并不仅仅意味着某种权力意志与身份意识的合一，这一政治身份是儒家以仁爱等内在自觉精神涵化外在社会规范，以此来确保参政议政过程中，不偏离儒家的"正道"。从这一角度来说，乐师的身份是儒家观念意识中某种"通见"的外化。从思想层面看，"孔子本人的通见是以一种对于整体的概要性的、均衡的通见（synoptic balanced vision of the whole）为基础的"②。从思想观念的外化形式来说，思想主体本身拥有的身份意识则是其思想主张整体的、有效地作用于外部世界的一个中介，因此，对于思想主张的传播与实施来说，何种身份的主体去实践这一过程，就显得尤为关键。

前述孔子的一些学生遵从政治的现实法则，原因在于他们内心深处缺乏某种"通见"，他们的身份意识与他们面临的政治现实之间的张力，使得他们只懂得去配合权力，而无法控御权力。战国以来的大部分儒家，不断地在重复孔子这些学生的政治命运。比如，汉武帝以来，通过察举、征诏之制选拔大小官吏，这为儒家参政提供了机遇，然而，随着选人之制为地方豪族所把持，那些选拔为吏的儒生，往往只知为一族一姓争取利益，甚至成为豪强富家为害乡里的帮凶，全然失去了儒者的"通见"。换一个角度看，孔子之后，七十子、孟荀等儒家为了实现儒者

---

① 参见王钧林：《中国儒学史·先秦卷》，广东教育出版社 1998 年版，第 13 页。

② ［美］本杰明·史华兹：《古代中国的思想世界》，程钢译，江苏人民出版社 2004 年版，第 127 页。

的"通见"，以乐师身份赋予他们的精英意识、批判精神，千方百计地寻求入仕机会，试图借助某一政治势力，去实践儒家的救世之道。在这些儒家身上，孔子以来建构起来的乐师身份及其身份意识，无疑具有导向性作用，它犹如一个火种，逐代传递着儒家的仁爱理念，使之能够穿越君主专权制造的各种藩篱，至今仍闪烁着智慧之光和人性魅力。

# 第三章 《论语》所见孔子的学术理想

## 第一节 成为君子：孔子学术事业的起点

正如美国汉学家狄百瑞所言，"虽然《论语》作为一部语录和轶事的集子看起来缺乏系统的结构，叙述也颇为游离，但是它作为一个整体仍然具备自身的焦点——君子。"[①]《论语》中"君子"一词出现了107次[②]，从意涵上看，指在位者意义的仅有12处[③]。可见，《论语》的确是一部系统阐释孔子君子观的儒家经典。本节从何谓"君子"、如何成为君子两个角度出发，讨论孔子学术事业中的核心议题——君子。

### 一、何谓"君子"

孔子曾说："君子不器。"[④]字面意义为君子不是器皿，只具有一定的用途。这句话可引申为君子具有独立的人格和思想，不应当为现实的既定规则所约束。从思想史角度看，这句话是孔子承续商周贵族传统而

---

① ［美］狄百瑞：《儒家的困境》，黄水婴译，北京大学出版社2009年版，第34页。
② 参见朱义禄：《儒家理想人格与中国文化》，复旦大学出版社2006年版，第40页。
③ 参见赵纪彬：《论语新探》，人民出版社1976年版，第108—109页。
④ 《论语·为政》，见程树德撰，程俊英、蒋见元点校：《论语集释》，中华书局2014年版，第124页。

来的自由主义理念的一种表达方式，也是对自己乃至整个儒家群体的身份期许。

### （一）"君子"概念与身份指涉的变迁

频繁出现于《论语》的"君子"一词最早出现在《尚书·无逸》，"君子所其无逸。"郑玄注曰："君子止谓在官长者。"[①]这说明早期的"君子"是贵族的代名词，是一种身份表达，并没有道德内涵。《礼记·曲礼上》："博闻强识而让，敦善行而不怠，谓之君子。君子不尽人之欢，不竭人之忠，以全交也。"[②]《庄子·天下篇》："以仁为恩，以义为理，以礼为行，以乐为和，熏然慈仁，谓之君子。"[③]这两处文献对"君子"的定义，主要取其道德情操之义，其主旨与《论语》所谓"君子"大体接近。狄百瑞通过分析《论语》中孔子对"君子"认知及评价，认为君子是一群"作为受过良好教育的精英分子，这些人哪怕没有实权，也依然怀有强烈的领袖使命感和为公众服务的责任感"[④]。在新旧交织的春秋时代，"君子"的身份指涉曾具有一定的双重性质，"君子"既是包括"王"在内的贵族统治阶级之尊称，同时又是个道艺礼义拥有者的美称[⑤]，这一点亦可以《论语》所见"君子"为证。到后来，"君子"的身份指涉逐步偏重于道德层面，《孟子·尽心下》云："君子之厄于陈、蔡之间，无上下之交也。"[⑥]至宋代，诸儒对"君子"的定义多从《论语》道德层面阐释，如程子曰："君子修己以安百姓，笃恭而天下平。"[⑦]朱子曰："君子，成德之名。"[⑧]总之，正如萧公权所言："（君子）

---

① 李学勤主编：《十三经注疏·尚书正义》，北京大学出版社 1999 年版，第 429—430 页。
② （清）孙希旦撰，沈啸寰、王星贤点校：《礼记集解》，中华书局 1989 年版，第 71 页。
③ 陈鼓应注译：《庄子今注今译》，中华书局 1983 年版，第 855 页。
④ ［美］狄百瑞：《儒家的困境》，黄水婴译，北京大学出版社 2009 年版，第 5 页。
⑤ 参见阎步克：《士大夫政治演生史稿》，北京大学出版社 1996 年版，第 94 页。
⑥ （清）焦循撰，沈文倬点校：《孟子正义》，中华书局 1987 年版，第 978 页。
⑦ （宋）朱熹撰：《四书章句集注》，中华书局 1983 年版，第 159 页。
⑧ （宋）朱熹撰：《四书章句集注》，中华书局 1983 年版，第 47 页。

旧义倾向于就位以修德，孔子则侧重修德以取位。"①

统观《论语》，孔子处处以君子人格要求自己，自认为是位合格的君子，因此，就身份指涉而言，孔子认同君子身份，其学术活动的开展几乎都是围绕君子展开的。进而言之，尽管孔子赋予君子道德人格意义，但他遵从先秦贵族政治及其文化传统的基本法则，仍把君子视作社会精英的化身，无论是对自己的身份期许，还是对弟子们的要求，都贯彻着精英主义的价值取向，正如夏曾佑所言："孔子留术数而去鬼神，较老子为近人矣，然仍与下流社会不合，故其教只行于上等人，而下等人不及焉。"②

孔子去世后，子贡等人持之以恒地"树圣"，孔子的形象因此发生大的变化。至战国时，孔子已是儒家心目中的圣人，"孔子，圣之时者也。孔子之谓集大成"③。到后来，"素王""至圣""万世师表"等名号加诸孔子之身，已然被圣化。近代以来，孔子地位下降，作为历史人物的孔子，又被冠以不同的名号，例如，冯友兰为了将孔子解释成"哲学家"，否认孔子作《春秋》，认为孔子只是以六经教弟子，这样，孔子最重要的身份是一个教育家，既不是"素王"，也不是"至圣"，只剩下"先师"。而只有"先师"，才可能对接西方的哲学家。因此，冯友兰说："孔子的行为及其在中国历史上的影响，与苏格拉底的行为及其在西洋历史上的影响相仿佛。"④就像顾颉刚《春秋时的孔子和汉代的孔子》一文所说的："春秋时的孔子是君子，战国时的孔子是圣人，西汉时的孔子是教主，东汉后的孔子又成了圣人，到现在又快要成君子了。"⑤

孔子君子身份的"回归"，表面上看是历史的戏谑，实质上是孔子这一身份相对稳定、真实的一种反映，数千年历史的变化，成就了孔子

---

① 萧公权：《中国政治思想史》，辽宁教育出版社 1998 年版，第 66 页。
② 夏曾佑：《中国古代史》，中华书局 2015 年版，第 95 页。
③ 《孟子·万章下》，见（清）焦循撰，沈文倬点校：《孟子正义》，中华书局 1987 年版，第 672 页。
④ 冯友兰：《三松堂全集》（第 11 卷），河南人民出版社 2001 年版，第 143 页。
⑤ 顾颉刚：《顾颉刚全集·顾颉刚古史论文集》卷四，中华书局 2010 年版，第 12 页。

身份的轮回，亦能说明"君子"这一概念蕴含着深厚的学理意义。

### （二）"小人""圣人"与"君子"

从学术思想角度进一步认识"君子"的身份指涉和个体价值，还须与小人、圣人进行比较，以便深化相关认识。

首先，和"小人"相比，"君子"是德行、认知能力完善的人。孔子曾说："君子怀德，小人怀土。君子怀刑，小人怀惠。"[①] "君子不可小知而可大受也，小人不可大受而可小知也。"[②] "君子有三畏：畏天命，畏大人，畏圣人之言。小人不知天命而不畏也，狎大人，侮圣人之言。"[③] 正是君子与小人有如此大的反差，所谓他才会对子夏说："女为君子儒！无为小人儒！"[④] 正如钱穆先生所说："凡来学于孔子者，初为求食来，而孔子教之以求道。志于道则为君子儒，志于食则为小人儒。"[⑤]

君子和小人的反差，表现在各个方面："君子上达，小人下达。"[⑥] 君子和小人的人生追求不同。"君子周而不比，小人比而不周。"[⑦] 君子和小人的交友观有明显差异。子曰："君子喻于义，小人喻于利。"[⑧] 君

---

① 《论语·里仁》，见程树德撰，程俊英、蒋见元点校：《论语集释》，中华书局 2014 年版，第 323 页。

② 《论语·卫灵公》，见程树德撰，程俊英、蒋见元点校：《论语集释》，中华书局 2014 年版，第 1446 页。

③ 《论语·季氏》，见程树德撰，程俊英、蒋见元点校：《论语集释》，中华书局 2014 年版，第 1488 页。

④ 《论语·雍也》，见程树德撰，程俊英、蒋见元点校：《论语集释》，中华书局 2014 年版，第 502 页。

⑤ 钱穆：《孔子传》，生活·读书·新知三联书店 2002 年版，第 85—86 页。

⑥ 《论语·宪问》，见程树德撰，程俊英、蒋见元点校：《论语集释》，中华书局 2014 年版，第 1293 页。

⑦ 《论语·为政》，见程树德撰，程俊英、蒋见元点校：《论语集释》，中华书局 2014 年版，第 130 页。

⑧ 《论语·里仁》，见程树德撰，程俊英、蒋见元点校：《论语集释》，中华书局 2014 年版，第 345 页。

子和小人的价值观有很大不同。"君子坦荡荡，小人长戚戚。"① 君子和小人的心态不同。"君子成人之美，不成人之恶。小人反是。"② 君子和小人在"成人"问题上有很大差异。"君子泰而不骄，小人骄而不泰。"③ 君子和小人的做派大不相同。"君子和而不同，小人同而不和。"④ 君子和小人在对待人的立场问题上态度相反。"君子固穷，小人穷斯滥矣。"⑤ 君子和小人对待困难的态度不同。"君子求诸己，小人求诸人。"⑥ 君子和小人的认知观也有很大不同。

王夫之曾说："君子小人之大辨，人禽之异，义利而已矣。"⑦ 梁启超也说："君子指贵族，含有'少主人'的意味。小人盖谓人中之低微者。其后意义全变，两语区别，不以阶级的身份为标准，而以道德的品格为标准。"⑧ 总之，在孔子时代，"君子""小人"的语义开始发生重大转变，"君子"成为道德文化的代名词，失去了与人的出身等级之联系，而"小人"一词则开始带有明显的道德贬低色彩。⑨ 不过，如果仅从表面意义上去理解君子和小人的差别，很容易把上述情况归结于君子和小人在道德上的反差。事实上，除上述这一点外，君子和小人的差别主要体现于社会地位、认知能力等方面，正所谓"君子劳心，小人劳力，

① 《论语·述而》，见程树德撰，程俊英、蒋见元点校：《论语集释》，中华书局 2014 年版，第 650 页。
② 《论语·颜渊》，见程树德撰，程俊英、蒋见元点校：《论语集释》，中华书局 2014 年版，第 1114 页。
③ 《论语·子路》，见程树德撰，程俊英、蒋见元点校：《论语集释》，中华书局 2014 年版，第 1211 页。
④ 《论语·子路》，见程树德撰，程俊英、蒋见元点校：《论语集释》，中华书局 2014 年版，第 1205 页。
⑤ 《论语·卫灵公》，见程树德撰，程俊英、蒋见元点校：《论语集释》，中华书局 2014 年版，第 1353 页。
⑥ 《论语·卫灵公》，见程树德撰，程俊英、蒋见元点校：《论语集释》，中华书局 2014 年版，第 1421 页。
⑦ （清）王夫之：《读通鉴论》卷十八《宣帝》，中华书局 1975 年版，第 1400 页。
⑧ 梁启超：《先秦政治思想史》，东方出版社 2012 年版，第 63 页。
⑨ 参见吕方：《孔子时代的"君子"和"小人"》，《孔子研究》2010 年第 1 期。

先王之训也。"① 和"君子"相比,"小人"受到更多外在或内在条件的制约,既不能超越社会身份对他们行为的制约,也无法从个我意志上获得自由。"君子"则因为有着社会精英的身份,独立思考的能力,以及完善的道德人格,这些都决定了他们是"志于道"者。

在儒家的身份意识中,"圣人"比"君子"高明,可称为"圣人"者寥寥无几,孔子不敢自称"圣人"。什么是"圣人"?《庄子·天下》云:"以天为宗,以德为本,以道为门,兆于变化,谓之圣人。"② 这是从道德超越性角度阐释"圣人",《中庸》云:"仲尼祖述尧舜,宪章文武;上律天时,下袭水土。辟如天地之无不持载,无不覆帱,辟如四时之错行,如日月之代明。万物并育而不相害,道并行而不相悖,小德川流,大德敦化,此天地之所以为大也。"③ 在儒家的思想世界里,只有尧舜、文武一类的先贤才能称作"圣人"。孔子曾说:"圣人,吾不得而见之矣;得见君子者,斯可矣。"④ 孔子号称当世无"圣人",能够见到"君子"已是幸运,在今不如昔的历史观作用下,孔子亦以君子人格要求自己。孔子弟子们在"树圣"过程中,"圣人"的价值标准降格为孔子强调的仁爱精神,且不再追求与尧舜比肩的丰功伟绩,这为"树圣"开了方便之门。《孟子·公孙丑上》云:"昔者子贡问于孔子曰:'夫子圣矣乎?'孔子曰:'圣则吾不能,我学不厌而教不倦也。'子贡曰:'学不厌,智也。教不倦,仁也。仁且智,夫子既圣矣。'"⑤ 做到"仁且智"即为"圣人",孔子符合这一条件,自然就是圣人。在孟、荀眼里,孔子的圣人形象已然固化,《孟子·尽心下》云:"孟子曰:'由孔子而来至于今百有余岁,去圣人之世若此其未远也,近圣人之居若此其甚

---

① 《国语·鲁语下》,见徐元诰撰,王树民、沈长云点校:《国语集解》,中华书局2002年版,第198页。
② 陈鼓应注译:《庄子今注今译》,中华书局1983年版,第855页。
③ (宋)朱熹撰:《四书章句集注·中庸章句》,中华书局1983年版,第37页。
④ 《论语·述而》,见程树德撰,程俊英、蒋见元点校:《论语集释》,中华书局2014年版,第628页。
⑤ (清)焦循撰,沈文倬点校:《孟子正义》,中华书局1987年版,第213页。

也，然而无有乎尔，则亦无有乎尔！'"①《荀子·非十二子》云："是圣人之不得势者也，仲尼、子弓是也。"②

孔子从君子到圣人的身份升华意味着儒家道统于春秋中后期有了传承，但是，这并不意味着"君子"和"圣人"的身份指涉发生质的变化，事实上，"圣人"是高尚而遥远的存在，是罕见的人格，孔子身份的升华并不代表着大多数君子可以通过自身努力或者弟子"树圣"成为圣人。

总之，正如古人所言："才德全尽谓之'圣人'，才德兼亡谓之'愚人'；德胜才谓之'君子'，才胜德谓之'小人'。"③"才德全尽"者世间罕有，"小人"为众人所唾弃，只有"君子"作为一种理想人格，既有实现的可能，又有践行的价值，才会被孔子所看重，而儒家的理想人格学说也以君子的这两方面内涵展开：修己即所以成为"君子"，治人则必须先成为"君子"。从这一角度说，儒学便是"君子之学"。④事实上，君子是儒家众趋人格的目标所在，而所谓众趋人格就是一个在社会中为绝大多数成员共同向往的基本人格，是该社会大多数成员在人格共同趋向上的凝结升华。⑤在儒家理念中，"君子"被当作社会改革和改善百姓生活条件的主要推动力，他们依靠修身成为公众典范来完成这一历史使命，而参与社会政治又是实现这一使命的主要方式。孔子号召弟子们修养理想人格，要求他们努力成为"君子"，在他眼里"君子""是指这样一种人，他们具备了一个理想的贵族应该拥有的那些品质，也就是说，孔子的君子，是一个真正的（而不仅仅是世袭的）高贵之人，高尚

---

① （清）焦循撰，沈文倬点校：《孟子正义》，中华书局 1987 年版，第 1037 页。

② （清）王先谦撰，沈啸寰、王星贤点校：《荀子集解》，中华书局 1988 年版，第 114 页。

③ 《资治通鉴》卷一《周礼·威烈王二十三年》，见（宋）司马光撰：《资治通鉴》，中华书局 1956 年版，第 14 页。

④ 参见余英时：《现代儒学的回顾与展望》，生活·读书·新知三联书店 2004 年版，第 271 页。

⑤ 参见朱义禄：《从圣贤人格到全面发展——中国理想人格探讨》，陕西人民出版社 1992 年版，第 42 页。

之人。"① 正因为拥有贵族的品质，且是高尚的人，才有可能不受既有社会政治规则的束缚，成为控御权力、造福民众的政治主体，即所谓"君子处之于天下也，无适也，无莫也，义之与比"②。

# 二、如何成为君子

培养合格的君子是孔子学术与教育事业的起点，也是他的根本目标，为此，在如何成为君子的这个问题上，孔子发表过很多言论，既涉及成为君子的标准，也关涉如何从知识、道德、为政等层面成为君子的问题。

## （一）成为君子的标准

孔子曾说，君子应"志于道，据于德，依于仁，游于艺"③。成为君子的标准至少有四个方面：志向上要遵从于"道"，即君子是"道"的践行者；行为要符合"德"，即君子是道德主体，拥有完善的德性；君子应具有高超的人文精神，以"仁"为精神依归；君子也是合格的知识主体，熟练掌握六艺。

首先，君子是"道"的践行者，也是它的载体。"道"是先秦诸子思想中的一个共域，指超越世间既定规则的真理，人类的良知，以及宇宙、社会、自然运行的基本法则。在孔子的学术视野里，"道"既是他所遵从的周礼，也是他所尊奉的商周贵族政治及其文化传统。

在孔子看来，成为君子的首要标准在于君子不能为世间陈规所约束，应当具有超越世俗生活的品质，即所谓"君子谋道不谋食。耕也，

① ［美］顾立雅：《孔子与中国之道》，高专诚译，大象出版社 2000 年版，第 93 页。

② 《论语·里仁》，见程树德撰，程俊英、蒋见元点校：《论语集释》，中华书局 2014 年版，第 320 页。

③ 《论语·述而》，见程树德撰，程俊英、蒋见元点校：《论语集释》，中华书局 2014 年版，第 572 页。

馁在其中矣；学也，禄在其中矣。君子忧道不忧贫。"①真正的君子不应当为了"谋食"而迷乱心智，而应当以"忧道"的人生姿态参与社会政治，正如子产那样，成为救国救民的真君子，因为子产能够做到"其行己也恭，其事上也敬，其养民也惠，其使民也义。"②在事君、养民、对己各方面，子产皆以君子之道行之，其行为符后孔子心目中的君子标准，是"道"的忠实践行者。

作为"道"的践行者，孔子本人符合这一标准，他的思想和行为超越了现实的既有规则，接近或达到他理想中的"道"。他对季氏使用"八佾"之礼批评，参政后"堕三都"的做法，都证明孔子并不拘泥于现实的政治圈子，而是想恢复周礼，并借此践行他心目中的大"道"；孔子"知其不可而为之"的决心和勇气，也完全超越了世俗之见，达到心智与精神上的至境，也接近于儒家的"道"，正所谓"君子不忧不惧"③。

总之，君子首先是道义的承担者，既能承载"道"，又因"道"而获得批判现实的智慧和勇气，也有参政议政的能力和意识。正如孔子所言："君子道者三，我无能焉：仁者不忧，知者不惑，勇者不惧。"承载了"道"的君子，其思想境界即可达到"不忧""不惑""不惧"的状态，子贡说这是"夫子自道也"④。

其次，君子是完美德性的代言者。统观《论语》，孔子和弟子们的对谈，大多是从如何让弟子们拥有完美德性展开的，在孔子看来，君子不仅要拥有完善的道德素养，还要以道德主体的身份去教化他人。从

---

① 《论语·卫灵公》，见程树德撰，程俊英、蒋见元点校：《论语集释》，中华书局 2014 年版，第 1441 页。
② 《论语·公冶长》，见程树德撰，程俊英、蒋见元点校：《论语集释》，中华书局 2014 年版，第 421 页。
③ 《论语·颜渊》，见程树德撰，程俊英、蒋见元点校：《论语集释》，中华书局 2014 年版，第 1068 页。
④ 《论语·宪问》，见程树德撰，程俊英、蒋见元点校：《论语集释》，中华书局 2014 年版，第 1303 页。

这些语录看，孔子及其弟子在如何拥有完善的道德修养问题上，既有教化和灌输，也有争论和分歧，这都是开展培养君子学术活动的生动写照。

《论语》几乎讨论了儒家道德哲学的所有思想范畴，这既证明孔子作为儒家学派的开创者，其思想具有原创性和多元性的特点，也说明儒家思想的本质在于其建构的道德哲学体系。这些道德范畴包括仁、义、礼、智、忠、孝、诚、信等，从各个方面规范人类的行为，既让人类行为有所依据，又为人类行为找到理想的践行目标，如果个体能够做到这些规范的要求，那么他就符合君子的规范。具体来说，行为符合道德规范的君子能够做到"毋意，毋必，毋固，毋我"[①]，既不固执己见，也不以自我为中心；既能顺其自然，又能坚持原则。当人的道德素质达到君子境界，就会超越小圈子意识，也不会为争一时之快而丢失本分，即所谓"君子矜而不争，群而不党"[②]，"君子无所争。必也射乎！揖让而升，下而饮，其争也君子"[③]。当君子获得完善的道德修养之后，他的行为举止就会自然而然地体现这些修养，尤其是在语言上，更能体现其德性修养，孔子说："君子欲讷于言而敏于行。"[④]"君子耻其言而过其行。"[⑤]真正的君子看重的是他的道德行为。孔子还说："君子不以言举人，不以人废言。"[⑥]这种理性的举动也是君子完美德性的展示。总之，当君子成为真正的道德主体，那么他就能够做到"视思明，听思聪，色思温，貌

① 《论语·子罕》，见程树德撰，程俊英、蒋见元点校：《论语集释》，中华书局2014年版，第740页。

② 《论语·卫灵公》，见程树德撰，程俊英、蒋见元点校：《论语集释》，中华书局2014年版，第1422页。

③ 《论语·八佾》，见程树德撰，程俊英、蒋见元点校：《论语集释》，中华书局2014年版，第197页。

④ 《论语·里仁》，见程树德撰，程俊英、蒋见元点校：《论语集释》，中华书局2014年版，第360页。

⑤ 《论语·宪问》，见程树德撰，程俊英、蒋见元点校：《论语集释》，中华书局2014年版，第1302页。

⑥ 《论语·卫灵公》，见程树德撰，程俊英、蒋见元点校：《论语集释》，中华书局2014年版，第1424页。

思恭，言思忠，事思敬，疑思问，忿思难，见得思义。"①

最后，君子应当是知识的主体，掌握六艺，通晓六经。孔子的日常生活主要以教书为主，所教的六艺应当侧重于礼乐知识，正因为这些教学内容为师生日常生活的主体，所以记述于《论语》中的反而不多，不过，从孔子自身的好学，对弟子、门人的要求看，他认为合格的君子应当具备完善的知识体系。

孔子重视知识养成的观念既来自个我人生体验，也与当时社会环境的影响有关。孔子因掌握六艺而改变了人生命运，又因整理六经使得人生得以升华，这背后都是他作为知识主体的身份在做支撑，因此，他要求学生学习六艺，更主张以六经之学完善自己的知识结构。《论语》记载了一个有趣的对话场景：

> 陈亢问于伯鱼曰："子亦有异闻乎？"对曰："未也。尝独立，鲤趋而过庭。曰：'学《诗》乎？'对曰：'未也。''不学《诗》，无以言。'鲤退而学《诗》。他日又独立，鲤趋而过庭。曰：'学礼乎？'对曰：'未也。''不学礼，无以立。'鲤退而学礼。闻斯二者。"陈亢退而喜曰："问一得三，闻《诗》，闻《礼》，又闻君子之远其子也。"②

陈亢以为作为孔子之子的伯鱼可能得到了其父的特殊关照，伯鱼却说他是退而学《诗》《礼》，这是孔门的教授之法，侧面反映了孔子对六经之学的重视。

孔子曾说："质胜文则野，文胜质则史。文质彬彬，然后君子。"③

---

① 《论语·季氏》，见程树德撰，程俊英、蒋见元点校：《论语集释》，中华书局2014年版，第1493页。

② 《论语·季氏》，见程树德撰，程俊英、蒋见元点校：《论语集释》，中华书局2014年版，第1505页。

③ 《论语·雍也》，见程树德撰，程俊英、蒋见元点校：《论语集释》，中华书局2014年版，第516页。

文质之辨是孔学的核心议题，孔子虽然强调"文"与"质"的统一，但在实际的教学中似乎更看重"文"，而"文"的建构即以学习六艺、六经为基础，这些都是儒家学术活动的重点内容，也是儒家获得参政资格的前提，更是儒家群体应对社会政治结构变化的重要方式。

### （二）具体的修为

君子在道义、德性、知识等诸方面，都要起到表率作用，都应当是它们的承载主体，这就要求君子在日常的社交、为政等活动中，不停地学习、修炼，进而成为合格的君子。

孔子的诸多言论与如何修成君子之身相关，这些语录可以看作是他在这一问题上的学术探索。首先，要不断地训练认知能力，尤其是在社交活动中做一个谦谦君子。孔子曾说："不患人之不己知，患不知人也。"[1] 谦逊是君子首先要修得的品质，不要操心别人不知道自己，而应当忧患于自己不知他人，这里面既有社交问题，更多的是君子应当持之以恒地探索未知世界。孔子还说："不患无位，患所以立。不患莫己知，求为可知也。"[2] 谦谦君子不发愁没有参政的机会，要自己去创造这样的机遇；不怕没人知道自己，要获得让他人知晓自己的本领。君子要知人事，更要懂天命，孔子说："不知命，无以为君子也。"[3] 君子认知能力的最高境界即是"知命"，以此，就要修炼己身，以完善的知识和德性去配合天命对自己的安排。

其次，君子要通过学习礼乐知识，通晓社会政治规范，进而能驾驭这些规范，成为合格的参政者。参政议政的修为是君子的重要目标，换言之，孔子希望自己和弟子们能够成为合格的政治主体，为此，不仅要

---

[1] 《论语·学而》，见程树德撰，程俊英、蒋见元点校：《论语集释》，中华书局 2014 年版，第 75 页。

[2] 《论语·里仁》，见程树德撰，程俊英、蒋见元点校：《论语集释》，中华书局 2014 年版，第 332 页。

[3] 《论语·尧曰》，见程树德撰，程俊英、蒋见元点校：《论语集释》，中华书局 2014 年版，第 1771 页。

寻找合适的参政机会，更要通过学习礼乐知识，掌握参政议政的核心本领。

孔子强调"礼"的重要性，提醒弟子们注意外在礼仪对于内在德性的养成和规范作用，他说："恭而无礼则劳，慎而无礼则葸，勇而无礼则乱，直而无礼则绞。"[①] 他还说："君子博学于文，约之以礼，亦可以弗畔矣夫。"[②] 在他看来，"礼"对君子的知识结构也有约束和规范作用。孔子弟子有子也说："礼之用，和为贵。先王之道，斯为美。小大由之，有所不行。知和而和，不以礼节之，亦不可行也。"[③] 既然"礼"有节制人类行为的作用，那么为政的君子在熟练掌握礼乐知识的前提下，既要以"礼"节制自身，更要用"礼"来规范百姓，这都是修为君子的基本素养。

再次，"义"是君子继承并发扬的重要品质，修为君子的过程实际上就是让自己的行为符合"义"、达成"义"。

"义"是上古人类文明的结晶之一，也是诸子共同尊奉的道德准则，孔子说："君子义以为质"[④]，真正的君子以"义"为其根本，而"义者制事之本，故以为质干。而行之必有节文，出之比以退逊，成之必在诚实，乃君子之道也。"[⑤] 正因为获得了"义"这样的良好品质，君子才能真正称为合格的道德主体，能够以独立的意志驾驭自己的行为，且使这些行为符合君子之道。

最后，成为君子的最高境界是能够成为"仁"者，以仁爱之心去对待他人、处理政事。

---

① 《论语·泰伯》，见程树德撰，程俊英、蒋见元点校：《论语集释》，中华书局 2014 年版，第 663 页。

② 《论语·雍也》，见程树德撰，程俊英、蒋见元点校：《论语集释》，中华书局 2014 年版，第 537 页。

③ 《论语·学而》，见程树德撰，程俊英、蒋见元点校：《论语集释》，中华书局 2014 年版，第 59—61 页。

④ 《论语·卫灵公》，见程树德撰，程俊英、蒋见元点校：《论语集释》，中华书局 2014 年版，第 1417 页。

⑤ （宋）朱熹撰：《四书章句集注》，中华书局 1983 年版，第 165 页。

毫无疑问，"仁"是《论语》的核心议题，也是孔子思想的主要方面，体现着孔子思想的超越性。什么是"仁"？孔子说是"爱人"①，即热爱他人，热爱族外之人。君子应当超越个我私情，拥有热爱他人的智慧和能力，君子更应当超越血缘家族的小圈子，热爱族外之人。孔子的这一思想在当时具有极大的创新性，为君子突破血缘家族的束缚，在更大的人群范围内找到了践行君子之道的心理依据。时至今日，仁爱思想仍然是孔子思想具有时空超越性的一个典型。

君子修得仁爱之心是很不容易的，孔子的高足颜渊可以做到"三月不违仁"，其他的朝令夕改，根本不能践行仁爱思想。不过，作为一种理想的君子人格，仁爱之德应当是修为君子的一个总目标。孔子认为"克己复礼为仁"②，积极的"仁"是"己欲立而立人，己欲达而达人"③，退而求其次的"仁"则是"己所不欲，勿施于人"④，如果君子能做到一二，也算是"仁"人了。

综上，统观孔子的学术活动，如何使自己和弟子们成为君子是他学术事业的起点，也是他的总目标。这一学术起点和总目标在很大程度上决定了孔子的学术思想具有贵族精神特质，也反映出孔子试图以君子之道驾驭权力体系的学术追求。在孔子眼里，君子是不受既定规矩约束的具有自由气质的社会精英，他们是道义的承载者，是完美德性的化身，也是合格的知识主体，在修为君子的过程中，他们的行为要吻合"礼"，要契合于"义"，并以"仁"为最高准则，最终，成为合格的参政议政者，获得控御权力的能力和自觉。

---

① 《论语·颜渊》，见程树德撰，程俊英、蒋见元点校：《论语集释》，中华书局2014年版，第1126页。

② 《论语·颜渊》，见程树德撰，程俊英、蒋见元点校：《论语集释》，中华书局2014年版，第1054页。

③ 《论语·雍也》，见程树德撰，程俊英、蒋见元点校：《论语集释》，中华书局2014年版，第552页。

④ 《论语·颜渊》，见程树德撰，程俊英、蒋见元点校：《论语集释》，中华书局2014年版，第1064页。

# 第二节 《论语》所见孔子的人才观

本节通过分析贤人政治与孔子人才观的内在关系，结合孔门的好学之风，分析这一人才观与先秦贵族政治及其文化传统背景下人才理念之间的联系和区别，进而较深入地剖析孔子人才观的主要内涵、思想特点及社会影响。

## 一、贤人政治与孔子的人才观

总体而言，儒家崇信贤人政治，认为执政者自身应当是贤德之人，更应当任用贤人治理天下。就贤人政治观的起源而言，一般都认为与文武周公有关，尤其是周公的德治思想是贤人政治观的思想来源。周公是前诸子时代的楷模，也是儒家心目中的圣人，周公在小周邦取代大邑商的过程中，总结出"天命靡常"的道理，发现了民心所向对于国家统治的重要意义，倡导以德治国。孔子继承了周公的德治思想，使早期国家的政治智慧成为儒家政治思想的重要组成。

如果回溯至周初的历史，在那个新旧政权更迭的时代，以德治国的理念对于团结灭商力量、安抚商代遗民等重大问题应当起到过重要作用，但是，就整个西周社会而言，血缘关系是分配国家权力与社会财富的核心准则，且这样的血缘关系取决于宗亲关系的亲疏，而非贵族的道德修养，即使是一些失德者，只要没有谋逆之罪，都可以继承其父辈的权力和财富。在这样的时代，德治的象征意义大过它的实际作用，无论是作为一种统治风格，还是作为一种政治理念，贤人政治在西周的作用并不突出。

春秋以来，以血缘关系划分权力与财富的做法虽然还在延续，但诸国间的争霸战争，使得一些位卑却有才能者得到公室的重视，各国统治者发现"将国家交给才德优秀的人去治理，比交给世袭官位的人去治理，有更大的生存机会"①。在这样的时代背景下，提倡贤人政治成为诸子回应时代变化的一个思想主题，至少在儒、墨两家的政治观念中，贤人政治观是他们的思想共域。

就先秦儒家而言，孔子是贤人政治观的主推者，他希望周天子能向尧、舜、禹、文、武、周公看齐，成为仁义爱民的贤王，诸侯、卿大夫皆能以贤德任位，替天子和诸侯执政的君子们不再靠血缘关系获得权力，而是通过锻造知识能力、道德素养、担当意识等，成为合格的执政者。在孔子政治思想中，贤人政治观代表着创新的一面，孔子主张统治者应当任用贤人，提倡为政者"先有司，赦小过，举贤才"②。他还认为人们应当向贤人学习，以贤人为镜反躬自身，以提高自身修养，"见贤思齐焉，见不贤而内自省也。"③ 在孔子心目中，他最欣赏的学生颜回就是一个贤人，他说："贤哉，回也！一箪食，一瓢饮，在陋巷，人不堪其忧，回也不改其乐。贤哉，回也！"④ 颜回勤学好问、道德高尚，是孔子培养君子的一个典型，孔子以"贤哉，回也"称赞之，说明孔子认为合格的君子就是贤人。七十子也秉持贤人政治观，其中，子思之儒强调统治者应当"尊贤"。《郭店楚简·五行》云："未尝闻君子道，谓之不聪。未尝见贤人，谓之不明。闻君子道而不知其君子道也，谓之不圣。见贤人而不知其有德也，谓之不智。"这说明子思之儒主张"尊贤"，《郭店楚简·五行》把君子与贤人联系起来，提出"达诸君子道，

---

① 邢义田：《天下一家：皇帝、官僚与社会·序》，中华书局 2011 年版，第 8—9 页。
② 《论语·子路》，见程树德撰，程俊英、蒋见元点校：《论语集释》，中华书局 2014 年版，第 1138 页。
③ 《论语·里仁》，见程树德撰，程俊英、蒋见元点校：《论语集释》，中华书局 2014 年版，第 348 页。
④ 《论语·雍也》，见程树德撰，程俊英、蒋见元点校：《论语集释》，中华书局 2014 年版，第 498 页。

谓之贤"①，这与孔子的思想如出一辙。孔子主张统治者任用贤人，子思之儒主张"尊贤"，这是贤人政治观逐步深化的一个结果。孟子也主张"尊贤"，他曾说："用上敬下，谓之尊贤。"②主张"尊贤使能，俊杰在位"③，这说明"尊贤"是思孟学派政治观的一个特点。孟子"言必称尧舜"④，视尧舜时代为文明之源和黄金年代，并借尧舜之德批判现实。这种借用历史资源批判现实的做法所形成的历史化的批判模式，是儒家形成知识与思想的重要方式。⑤在孟子看来，贤人政治观是古已有之的统治思想，"尧舜之道，不以仁政，不能平治天下"⑥。如若"不以尧之所以治民，贼其民者也"⑦。孟子赋予了贤人政治观基于历史资源的合法性基础。

在贤人政治观的影响下，孔子提倡"贤才"必举的思想，他的人才观与其政治思想密切相关，为实现贤人政治主张，他认为用才重在选才，选才重在育才，其人才观以育才思想为基础。⑧进而言之，孔子的人才观反映出孔子思想的创新一面，这和他总体上保守的政治观在思想风格上有所区别。孔子向往商周贵族社会尊卑有序的政治格局，但却不认同以血缘关系的亲疏来安排这一政治格局的做法，他视"先进于礼乐"的"野人"为人才，希望那些掌握了礼乐知识的君子们靠自己的德

---

① 原文见《郭店楚简·五行》，荆门市博物馆：《郭店楚墓竹简》，文物出版社 1998 年版，第 149—151 页。此处引文采用李零先生的校读版本，详见李零：《郭店楚简校读记（增订本）》，中国人民大学出版社 2007 年版，第 102、103 页。

② 《孟子·万章下》，见（清）焦循撰，沈文倬点校：《孟子正义》中华书局 1987 年版，第 695 页。

③ 《孟子·公孙丑上》，见（清）焦循撰，沈文倬点校：《孟子正义》中华书局 1987 年版，第 226 页。

④ 《孟子·滕文公上》，见（清）焦循撰，沈文倬点校：《孟子正义》中华书局 1987 年版，第 315 页。

⑤ 参见李健胜：《先秦文化批判思想研究》，兰州大学出版社 2006 年版，第 32—37 页。

⑥ 《孟子·离娄上》，见（清）焦循撰，沈文倬点校：《孟子正义》，中华书局 1987 年版，第 483 页。

⑦ 《孟子·离娄上》，见（清）焦循撰，沈文倬点校：《孟子正义》，中华书局 1987 年版，第 491 页。

⑧ 参见常校珍：《孔子人才观初探》，《西北师大学报》（社会科学版）1981 年第 4 期。

才去获取权力，进而驾驭权力，以稳定天下局势，救民于水火。

总之，孔子人才观是其贤人政治观的一个表现形式，其人才观服从于儒家的贤人政治观，而贤人政治观又是儒家试图参政议政进而控御权力的思想基石。

## 二、好学：成为人才的基本素养

先秦儒家力倡的贤人政治观不主张以血缘关系为准则分配国家权力与社会财富，那么，这就意味着参政议政的贤人需要具备相应的执政能力，只有这样，他们拥有的权力才具有合法性。统观《论语》，孔子认为好学是成为人才的基本素养，只有勤学好问才能成就人才。

孔子是好学的典型。他曾说："十室之邑，必有忠信如丘者焉，不如丘之好学也。"[①] 孔子以自谦著称，但在勤学好问这一点上，他认为自己比他人强。他还说："吾尝终日不食，终夜不寝，以思，无益，不如学也。"[②] 在凭空思索与实际问学的比较中，孔子得出实践比空想重要的结论，这种认知论是儒家"道问学"传统的源起，也是具有某种现代性特质的认知观。柳诒徵曾说："孔子之学，有得之于家庭者……有得之于社会者……而孔子之所以成为孔子者，仍在其自身之好学。"[③] 这一评价是十分客观的。

在孔子心目中，好学生必定是好学的。鲁哀公曾问："弟子孰为好学？"孔子回答说："有颜回者好学，不迁怒，不贰过。不幸短命死矣。今也则亡，未闻好学者也。"[④] 季康子也问："弟子孰为好学？"孔子回答

① 《论语·公冶长》，见程树德撰，程俊英、蒋见元点校：《论语集释》，中华书局 2014 年版，第 462 页。

② 《论语·卫灵公》，见程树德撰，程俊英、蒋见元点校：《论语集释》，中华书局 2014 年版，第 1440 页。

③ 柳诒徵：《中国文化史》，中华书局 2015 年版，第 391 页。

④ 《论语·雍也》，见程树德撰，程俊英、蒋见元点校：《论语集释》，中华书局 2014 年版，第 470 页。

道："有颜回者好学，不幸短命死矣，今也则亡。"① 颜回的人品、学问每每让其师称道，究其原因，都在于颜回好学。颜回早死，从可见材料看，生前没有从政经历，因相关史料于魏晋隋唐时散佚，后世甚难还原颜氏之儒的真面目，但可以肯定的是，颜回是位勤学好问的学生，孔子十分欣赏他，从中也可以看出，在孔子眼里，好学是成才的关键。

从《论语》所载相关语录看，孔子对"学"这一思想范畴有颇多思索。他曾说："好仁不好学，其蔽也愚。好知不好学，其蔽也荡。好信不好学，其蔽也贼。好直不好学，其蔽也绞。好勇不好学，其蔽也乱。好刚不好学，其蔽也狂。"② 作为君子，好学是基本的素养，只有成为合格的知识主体，才能修得良好的道德素养，也才能使道德素养、为政理想找到合适的实践路径。由此可见，孔子关于人才的定位中，知识是第一位的，是人才拥有其他素质的基本前提。如在绪论中所言，孔子的认识论具有某种现代性，这主要体现于他在知识观上的理性态度，也体现于他对人才的定义方面。孔子上承商周文化，神秘主义的宗教理念应当对孔子有一定影响，尤其是商代的巫文化甚至可以说是孔子的母体文化，但是，孔子并没有因为有志于承续上古文化而沉迷其中，他以"损益"的态度对待商周旧制，特别是他一直坚持的贵族文化传统，从而使得在继承旧文化传统精髓的同时，保持着观念上的独立性，以及由这种独立性规导出的具有超时空意义的认知论。

做个好学之人，首先要时时以学习新知为人生要务。孔子说："君子食无求饱，居无求安，敏于事而慎于言，就有道而正焉，可谓好学也已。"③ 真正的君子不以口食之欲为人生目的，亦不在乎过上安稳的社会生活，而是要敏锐地观察事务，谨慎自己的言行，使之合于"道"，从

---

① 《论语·先进》，见程树德撰，程俊英、蒋见元点校：《论语集释》，中华书局 2014 年版，第 969 页。

② 《论语·阳货》，见程树德撰，程俊英、蒋见元点校：《论语集释》，中华书局 2014 年版，第 1558—1559 页。

③ 《论语·学而》，见程树德撰，程俊英、蒋见元点校：《论语集释》，中华书局 2014 年版，第 67 页。

而使自己的人生起点与人生目标都集中于修炼己身，使自己获得完备的知识，尤其是拥有参政议政的完善知识结构，只有这样，才算作是真正的好学。

其次，君子应当以好学为人生之乐。《论语》首篇曰："学而时习之，不亦说乎？有朋自远方来，不亦乐乎？人不知而不愠，不亦君子乎？"[①] 人一旦以好学为乐，和拥有珍贵的友谊、豁达乐观的心胸一样，是人生得以圆满、快乐的主要方式。孔子把好学视为人生之乐的观念，经过儒学的民间化、民俗化，已然深入人心，尤其是在汉民族的文化传统中，通过学习获得认知世界、参与社会的能力，并以此为乐，已然成为一种积极乐观的民族性格。在这一思想的影响下，汉民族普遍认为好学是成才的基本素质，好学也是一种人生态度，尽管存在着社会机制使之异化为人控制人、知识戕害人性的可能，但无论何时何地，通过学习知识来提高修养，并在这一过程中，因参悟到真知而使人生快乐，无论如何都是一种美好的人生态度，也是一种值得称道的民族性格。

再次，孔子对好学也有定义和规范，他认为为己之学才是真才实学。孔子曾说："古之学者为己，今之学者为人。"[②] 通过古今比较，孔子评价了为己之学和为人之学的区别，尽管语录体文献只提供作者的思想结论，并不论证其过程，但结合孔子其他言论可知，为己之学指的是为提高自己的知识、德性修养而进行的学习，为人之学指为夸饰、包装自己而进行的学习。从孔子强调为己之学看，他强调君子要有真才实学，如果学习是装样子给别人看，或者所学知识是为了迎合某些人或某一机构的需要，那么，这样的人显然是伪善者，不符合孔子定义的君子人格，这样得来的知识会让人变得"巧言令色"，正所谓"巧言令色，鲜矣仁！"包咸解为"巧言，好其言语。令色，善其颜色。皆欲令人说

---

① 《论语·学而》，见程树德撰，程俊英、蒋见元点校：《论语集释》，中华书局2014年版，第1—10页。

② 《论语·宪问》，见程树德撰，程俊英、蒋见元点校：《论语集释》，中华书局2014年版，第1294页。

之，少能有仁也。"① 朱子视这种人"务以悦人，则人欲肆而本心之德亡矣"②。

最后，孔子为好学之人指明了路径和方向。《论语·述而》云："子以四教：文、行、忠、信。"③意思是说要学习文化知识，端正行为，忠于所谋之事，讲究信义，即做一个合格的知识、道德和政治主体。其中，孔子尤其强调知识学习，子贡曾问："孔文子何以谓之'文'也？"孔子回答："敏而好学，不耻下问，是以谓之'文'也。"④只有好学之人才会有"文"，而"文"是君子的主要品格。正如《荀子·大略》所言："子赣、季路，故鄙人也，被文学，服礼义，为天下列士。"⑤那些原本"鄙人"出身的弟子，经过孔子的教化，成为好学之人，进而成为合格的知识主体。

好学的目的和方向是什么？子夏说："仕而优则学，学而优则仕。"⑥这两句话如果颠倒过来理解，恐怕更能吻合孔子之意。好学之人通过学习获得参政议政的基本素养，找到合适的入仕机会后，因"学而优"成为辅佐君主治理国家的有用之才，在参政议政过程中仍不忘学习，既不断地提高了自己的修养，也为处理更为复杂的政事提供了主体能量。总之，在君子的人生目标达成之时，仍不能忘记持续的学习。可见，在孔子眼里，真正的人才是持之以恒的好学之人。

孔子的好学及其对如何成为好学之人的思考，成为先秦儒家思想中具有超时空意义的组成部分，除对民族性格的塑造产生重大影响外，也

---

① 《论语·学而》，见程树德撰，程俊英、蒋见元点校：《论语集释》，中华书局 2014 年版，第 21 页。
② （宋）朱熹撰：《四书章句集注》，中华书局 1983 年版，第 48 页。
③ 《论语·述而》，见程树德撰，程俊英、蒋见元点校：《论语集释》，中华书局 2014 年版，第 627 页。
④ 《论语·公冶长》，见程树德撰，程俊英、蒋见元点校：《论语集释》，中华书局 2014 年版，第 419 页。
⑤ 《荀子·大略》，见（清）王先谦撰，沈啸寰、王星贤点校：《荀子集释》，中华书局 2013 年版，第 600 页。
⑥ 《论语·子张》，见程树德撰，程俊英、蒋见元点校：《论语集释》，中华书局 2014 年版，第 1705 页。

是儒家思想现代化的内在动力之一。近代学术史上，章太炎因反对康有为等设立孔教会而有激烈的黜孔思想，但是对孔子之于中华文化的创造之功仍能给予积极评价，他曾说："盖孔子所以为中国斗杓者，在制历史，布文籍，振学术，平阶级而已……孔子于中国，为保民开化之宗，不为教主。世无孔子，宪章不传，学术不振，则国沦戎狄而不复，民陷卑贱而不升，欲以名号加于宇内通达之国，难矣。今之不坏，系先圣是赖！是乃其所以高于尧、舜、文、武而无算者也！"① 时至今日，在儒学复兴的大背景下，花样繁多的新儒学令人眼花缭乱，也令人与原始儒学之间的认知距离越来越远，而如果回到孔子，回到《论语》，从恢复孔子力倡的好学之风做起，恐怕才能把握儒学复兴的真正方向。

## 三、孔门的实用学风

当然《论语》所见孔子的人才观并非没有局限性，事实上，如果细究之，会发现，孔子的人才观与其秉持的先秦贵族政治及其文化传统之间存在认知上和事实上的鸿沟，无论是他所推行的私学还是他所教授的"六艺"，与贵族文化之间有较大的差距。"学而优则仕"的思想导致的政治实用主义和官本位思想是孔子实用学风的体现，这妨碍了先秦儒学的超越性思想品格的塑造和完善。

首先，商周贵族有先在合法性，而儒家因自身技艺得到政治权力，二者之间的区别在于：儒家需要凭借某些外在因素获取权力，这在一定程度上导致儒门的实用风气。

孔子说："我非生而知之者，好古，敏以求之者也。"② 孔子好古人尽皆知，他试图用旧瓶装新酒之法，把他的政治理念与旧的体制结合起

---

① 章太炎：《驳建立孔教议》，载《章太炎全集》（四），上海人民出版社1985年版，第196—197页。

② 《论语·述而》，见程树德撰，程俊英、蒋见元点校：《论语集释》，中华书局2014年版，第619页。

来，这一点在人才观上反映得尤其典型，而恰恰这样的思想设计，反映出贵族文化与儒家思想之间的差异与距离。商周贵族的权力具有先在的合法性，其外在表现形式为血亲关系，而其权力实质在于悠久的分封传统，这就决定了贵族在知识的实践和权力的获得过程中，皆可避免功利主义。换言之，贵族文化的高妙在于其文化传统是不证自立的，其权力意志也是不证自明的。春秋时期的儒家则没有这样的幸运，一方面，他们的现实地位不可能让其获得不证自立的文化传统，以及不证自明的权力意志。另一方面，他们力倡的贤人政治观本身就决定了要想参政议政就需要掌握某些技艺，而这些技艺往往具有实用色彩，其中一部分就是一块"敲门砖"。在这样的人才观背后，无功利的知识观因此弱化，儒家只能掌握统治者所需的知识体系，才有可能获得入仕机会，这也规导出六艺之学乃为政之学的结果，使得统治者可以反向控制儒家的知识体系。此外，更为核心的是，儒家参政议政需要凭借外部的政治力量，只有获得了某一权力体系的赏识或支持，他们才能获得参政机会，即使孔子本人，如果季氏不任用他，他也不可能在鲁国政坛上有所作为。在这样的情形下，儒家想要获得独立的政治人格是十分困难的，掌握权力之后试图控御权力的君子意志想要真正实现，更是难上加难。前述孔子弟子服膺于政治的现实法则，就是儒家实用学风在政治上的体现，面对这样的情形，孔子只能无可奈何。由此可知，儒家从一开始就不是一个独立的学术、政治群体，他们虽向往贵族政治，却没有贵族集团相对独立于王权的实际社会地位，那些试图把儒家打扮成独立的学术及政治群体，进而把儒学想象成具有独立意志的学术传统的观点，显然言过其实。

孔子人才观所见的实用学风，还体现在他与颜回的师生思想差距上。孔子致力于学有所用的实践观，而颜回安贫乐道，满足于学术活动本身带来的乐趣。孔子自己都说："回也非助我者也，于吾言无所不说。"① 颜渊则感叹："仰之弥高,钻之弥坚。瞻之在前,忽焉在后。夫子循循然善诱人,博我以文,约我以礼,欲罢不能。既竭吾才,如有所立卓尔。虽欲从之,末由也已。"② 敬仰孔子的同时,似乎能体察到他与孔子之间那种不可言说的思想距离。结合上述认识看两人的思想差异,笔者认为颜回之道接近贵族文化传统,他不为过上好生活或者获得参政机会而放弃学术活动本身的独立性,而孔子认为颜回总是赞同他的观念,却对他没有帮助,这说明在孔子心目中,真正的好学生不仅要好学,还要有参政议政的意识和能力,为此不惜秉持实用主义的学风。从这个角度看,在孔子心目中,颜回未必是真正的好学生。

其次,先秦儒家是政治实用主义者,他们所学的知识总体上为参政议政服务,他们的学习目标也在于为政之学。把儒家的基本关怀完全看成是为了参政议政是言过其实,但儒家的确以政治关怀为先导,这一点也有《论语》所见孔子相关语录为证。

孔子以六艺教授学生,礼、乐、射、御、数、书皆为较实用的知识,掌握了这些知识的学生即可从事相应的国家管理及社会控制工作,进而成为合格的参政议政者。"六经"也是孔子弟子学习的内容,是他们获得更高级知识的文本基础,孔子晚年主要精力用于整理"六经",从后世儒家化了的"六经"及其文本价值看,这些经典也具有明显的政治化倾向,或者说它们是儒家用来价值预设的经典文本,尽管这些文本本身不是政治实用主义的产物,但显然是儒家实践实用主义知识观的文本基础。正是在为政之学的实用学风影响下,孔子教授学生的知识范围既与"学稼""为圃"之类的内容无关,也与一般意义上的自然科学学习无涉,这显然窄化了学习的内容和目的,使得学习本身成为参政议政的一个工具,为政之学的实用风气由此形成。

---

① 《论语·先进》,见程树德撰,程俊英、蒋见元点校:《论语集释》,中华书局 2014 年版,第 963 页。
② 《论语·子罕》,见程树德撰,程俊英、蒋见元点校:《论语集释》,中华书局 2014 年版,第 766—767 页。

　　为政之学何以导致实用学风，这一方面取决于为政之学的特点，另一方面也与儒家的价值观有一定关联。为政之学是一种如何管理事务、如何驾驭人群的政治之学，其重点在于如何更好地为所属行政管理机构服务，如何在实施国家管理与社会控制过程中获取更多的权力。为此，服从长官意志和机构利益是参政议政的一个重要准则，学会驾驭事务并由此获取更大权力是参政议政的主要目标。总之，政治活动本身的特点决定了为政之学的特点，即服从与控御的双重特征。就人类面对的知识世界而言，为政之学只是其中的一个部分，但就其特点而言，与一些知识体系的禀赋显得格格不入，也与人类追求内在自由的自然主义知识观相去甚远。从这个角度看，孔门的实用学风总体上不利于人类知识的传承与发展，也妨碍着儒学思想本身的内在超越性。

　　在实现人生价值的问题上，孔子选择了入仕，认为能有机会从政，并以此为实现人生目标的归宿，才算是有价值的社会行为。孔子的这一主张有一个前提，那就是入仕的目的是为了实现恢复周礼的政治目标，但是，对于孔子弟子来说，入仕的目的往往是为了自我的政治抱负，入仕后的政治行为则取决于长官意志和为政机遇。然而，儒家的入仕理想或者参政目的虽有一定差别，但其价值观念皆是建立在入仕是好的，参政是对的这一点上。为实现这样的价值观，在获得入仕前提条件的过程中讲求实用学风似乎是理所应当之事。

　　实用学风与儒学的主流化密切相关，正是儒学逐步上升为国家层面的意识形态，学习儒经成为入仕的必要条件，所以一代又一代的学子主动或被动接受了这样的学风，绝大多数从小就要从事为政之学，而关注其他知识体系者，大多是为政之学过程中的淘汰者。实用学风也造就了官体位的价值观。官体位是我国持续时间久、影响面巨大的一种社会风气，当官为对、为好的思想可谓深入人心，而受这一观念影响，儒家的实用学风也水涨船高，愈加成为控制读书人心智的一种力量。受这一风气影响，那些在野的儒生尚且能遵从圣贤教诲，心怀百姓，秉持着读书人的良心，而一旦获得了参政机会或者手握权力，他们往往会成为既得利益集团的拥护者，贤人政治观背后的道德良心全然丧尽，这不得不说是儒家实用学风最大的弊病。总之，孔门实用学风的影响可以说是十分深入的，一定程度上决定了中华民族的民族性，这一点也是值得认真反思的。

# 第三节　孔子的文学理想

《论语》所反映的儒家的文学世界是一个颇为新鲜的学术话题。本节通过分析孔子的诗教、诗学思想、《论语》的文学特征等，探究《论语》里的文学世界。

## 一、孔子的诗教

孔子以"六艺"授徒，自然涉及诗教，而这既是教学内容之一，也是儒家文学生活的具体表达。孔子曾说："兴于诗，立于礼。成于乐。"[1]何晏《论语集解》引包咸注："兴，起也，言修身当先学《诗》也。"皇侃《论语义疏》引江熙语："览古人之志，可起发其志也。"[2]朱子云："《诗》本性情，有邪有正，其为言既易知，而吟咏之间，抑扬反覆，其感人又易人。故学者之初，所以兴起其好善恶恶之心，而不能自已者，必于此而得之。"[3]综合而观，"兴于诗"当解为修身起于《诗》，以《诗》兴其志，杨伯峻先生释为"诗篇使我振奋"[4]，显然与原义不

---

[1] 《论语·泰伯》，见程树德撰，程俊英、蒋见元点校：《论语集释》，中华书局 2014 年版，第 682—684 页。

[2] 《论语·泰伯》，见程树德撰，程俊英、蒋见元点校：《论语集释》，中华书局 2014 年版，第 682 页。

[3] （宋）朱熹撰：《四书章句集注》，中华书局 1983 年版，第 104—105 页。

[4] 杨伯峻：《论语译注》，中华书局 1980 年版，第 81 页。

合。孔子为何推重诗教，除了《诗》为上古人类智慧结晶，孔子以诗教承续上古智慧外，《诗》能配合君子的语言、文学修养。孔子说："不学《诗》，无以言"①，"小子何莫学夫诗？诗可以兴，可以观，可以群，可以怨。迩之事父，远之事君；多识于鸟兽草木之名"②。"诵《诗》三百，授之以政，不达；使于四方，不能专对，虽多，亦奚以为？"③这些话都是在强调学《诗》的重要性，尤其是对人的语言训练而言，《诗》的作用是十分显著的。

孔子说："诗三百，一言以蔽之，曰：'思无邪。'"④何晏《论语集解》引包咸注："思无邪，归于正也。"⑤朱子认为："非言作诗之人'思无邪'也。盖谓三百篇之诗，所美者皆可以为法，而所刺者皆可以为戒，读之者'思无邪'耳。作之者非一人，安能'思无邪'乎？只是要正人心。统而言之，三百篇只是一个'思无邪'；析而言之，则一篇之中自有一个'思无邪'。'思无邪'，乃是要使读《诗》人'思无邪'耳。读三百篇诗，善为可法，恶为可戒，故使人'思无邪'也。"⑥历代注家或认为《诗》本于"思无邪"，或认为读《诗》者"思无邪"。晁福林先生认为，孔子论《诗》三百，以"思无邪"为统领，是以真、善、美的眼光来看待所有诗篇的。⑦结合孔子以《诗》教授弟子的教学目的，笔者认为晁先生的看法是得当的。

---

① 《论语·季氏》，见程树德撰，程俊英、蒋见元点校：《论语集释》，中华书局 2014 年版，第 1505 页。
② 《论语·阳货》，见程树德撰，程俊英、蒋见元点校：《论语集释》，中华书局 2014 年版，第 1560 页。
③ 《论语·子路》，见程树德撰，程俊英、蒋见元点校：《论语集释》，中华书局 2014 年版，第 1161 页。
④ 《论语·为政》，见程树德撰，程俊英、蒋见元点校：《论语集释》，中华书局 2014 年版，第 84 页。
⑤ 《论语·为政》，见程树德撰，程俊英、蒋见元点校：《论语集释》，中华书局 2014 年版，第 85 页。
⑥ （宋）黎靖德编，王星贤点校：《朱子语类》，中华书局 1986 年版，第 538—539 页。
⑦ 参见晁福林：《"思无邪"与〈诗〉之思——上博简〈诗论〉研究拾遗》，《文学遗产》2015 年第 3 期。

孔子推行诗教，且常引《诗》说理，有人统计过，《论语》直接引《诗经》与论诗者，共有 21 章。① 其中，与门人弟子的如下对话，十分典型地反映了孔子诗教的基本特征：

> 子贡曰："《诗》云：'如切如磋，如琢如磨。'其斯之谓与？"子曰："赐也，始可与言《诗》已矣，告诸往而知来者。"②
>
> 子夏问曰："'巧笑倩兮，美目盼兮，素以为绚兮'，何谓也？"子曰："绘事后素。"曰："礼后乎？"子曰："起予者商也！始可与言《诗》已矣。"③
>
> "唐棣之华，偏其反而。岂不尔思？室是远而。"子曰："未之思也，夫何远之有？"④
>
> 子谓伯鱼曰："女为《周南》《召南》矣乎？人而不为《周南》《召南》，其犹正墙面而立也与？"⑤

除强调《诗》的重要性外，《诗》在孔子与弟子之间的思想交流过程中，往往起到了启发思维和激发思想创造的双重作用，说明孔子诗教的主要特征并不在于学习、背诵《诗》本身，而在于引诗论理，这种诗教有时并不在意《诗》的本义，而是更注重《诗》的道德价值，这正是儒家《诗经》阐释学的基本准则⑥，正如钱穆先生所言："子夏因论

---

① 参见黄绍祖：《论语中〈诗礼乐歌舞〉五者合一说》，《1993 诗经国际学术研讨会论文集》，河北大学出版社 1994 年版，第 127 页。

② 《论语·学而》，见程树德撰，程俊英、蒋见元点校：《论语集释》，中华书局 2014 年版，第 72 页。

③ 《论语·八佾》，见程树德撰，程俊英、蒋见元点校：《论语集释》，中华书局 2014 年版，第 202—205 页。

④ 《论语·子罕》，见程树德撰，程俊英、蒋见元点校：《论语集释》，中华书局 2014 年版，第 813—816 页。

⑤ 《论语·阳货》，见程树德撰，程俊英、蒋见元点校：《论语集释》，中华书局 2014 年版，第 1562 页。

⑥ 参见李春青：《诗与意识形态：西周至两汉诗歌功能的演变与中国诗学观念的生成》，北京大学出版社 2005 年版，第 185 页。

诗而及礼，孔子喜而赞之，谓其能起发我之心意，必如此，乃可与言《诗》……文学本原在人生，故治文学者必本于人生而求之，乃能发明文学之真蕴。"[①]

"孔子之时，周室微而礼乐废，《诗》《书》缺。追迹三代之礼，序《书传》，上纪唐虞之际，下至秦缪，编次其事。"[②] 孔子编定上古之书，使《诗》得以传续，亦使自身成为《诗》学大师，他还"以诗、书、礼、乐教，弟子盖三千焉，身通六艺者七十有二人"[③]。在孔子弟子的受教历程中，《诗》既是他们学习的内容，也是与其师对谈的文本基础，更是启发心智、节制性情的智者之言，在他们的文学世界里，《诗》虽不是唯一却是最为重要的文本，学《诗》是君子修养的重要组成部分，可以说，《诗》在一定程度上是孔子及其弟子们文学生活的全部内容。孔子用《诗》培养弟子，使其具备基本的语言、文学修养，而"思无邪"的主张意在培养弟子纯正向善的文学心理，他鼓励弟子引《诗》说教，把文学修养与道德规范、社会秩序结合起来，从而建构成儒家阐释学的基本思路。总之，孔子的诗教很大程度上决定了儒家文学生活的内涵及其特色。

## 二、孔子的诗学思想

孔子推行诗教，亦注重诗学研究，他曾说："吾自卫反鲁，然后乐正，《雅》《颂》各得其所。"[④] 他还说过："《关雎》乐而不淫，哀而不伤。"[⑤] 这些语录或多或少都能反映孔子的诗学思想。《史记·孔子世家》

---

① 钱穆：《论语新解》，生活·读书·新知三联书店 2002 年版，第 46 页。
② 《史记》卷四七《孔子世家》，中华书局 1959 年点校本，第 1935—1936 页。
③ 《史记》卷四七《孔子世家》，中华书局 1959 年点校本，第 1938 页。
④ 《论语·子罕》，见程树德撰，程俊英、蒋见元点校：《论语集释》，中华书局 2014 年版，第 783 页。
⑤ 《论语·八佾》，见程树德撰，程俊英、蒋见元点校：《论语集释》，中华书局 2014 年版，第 256 页。

载，"古者《诗》三千余篇，及至孔子，去其重，取可施于礼义，上采契后稷，中述殷周之盛，至幽厉之缺，始于衽席，故曰'《关雎》之乱以为《风》始，《鹿鸣》为《小雅》始，《文王》为《大雅》始，《清庙》为《颂》始。'三百五篇孔子皆弦歌之，以求合《韶》《武》《雅》《颂》之音。礼乐自此可得而述，以备王道，成六艺。"① 可见，孔子诗学思想与儒家伦理观念、为政之道之间亦有十分紧密的关系。

当代学者认为，孔子的"兴""观""群""怨"的诗歌理论，是中国文学思想史上创造性的提法，长期影响着中国诗歌创作与评论的发展。② 然而，如若仅从《论语》等文献去总结孔子的诗学思想，或许并不能反映其真貌。有幸的是，上博简《孔子诗论》的出土为研究孔子诗学思想提供了珍贵材料。《孔子诗论》是有严密组织和中心主旨的论文③，其重心是论述《诗》的思想内涵，着重于《诗》本身④，这反映出孔子的诗教及其诗学思想注重对《诗》之文意的全面把握和概括，而不作零星字、词的解释。⑤

上博简《孔子诗论·诗序》载，"孔二（孔子）曰：圭（诗）亡隐（离）志，乐亡隐（离）情，吴（文）亡隐（离）言"⑥。在孔子看来，《诗》不可离弃、隐瞒、吝惜心志，而学《诗》者应当不吝情性，尽情欢歌，畅所欲言。⑦ 有学者认为，《孔子诗论》体现了孔子"文亡隐意"的诗学思想，这一学说的提出，表明当时诗、乐、文一体的文艺形态已被打破，诗歌、音乐、文章已开始独立发展，而随着文章沿达意的方向

---

① 《史记》卷四七《孔子世家》，中华书局 1959 年点校本，第 1936—1937 页。

② 参见顾易生、蒋凡：《先秦两汉文学批评史》，上海古籍出版社 1990 年版，第 81 页。

③ 参见李学勤：《〈诗论〉的体裁和作者》，《上博馆藏战国楚竹书研究》，上海书店出版社 2002 年版，第 51 页。

④ 参见彭林："诗序"、"诗论"辨》，《上博馆藏战国楚竹书研究》，上海书店出版社 2002 年版，第 96 页。

⑤ 参见朱渊清：《从孔子论〈甘棠〉看孔门〈诗〉传》，《上博馆藏战国楚竹书研究》，上海书店出版社 2002 年版，第 131 页。

⑥ 马承源：《上海博物馆藏战国楚竹书》（一），上海古籍出版社 2001 年版，第 123 页。

⑦ 参见李开：《论上博简〈孔子诗论〉的人文精神》，《江苏社会科学》2005 年第 3 期。

发展，形成了与诗歌、音乐等文艺形式完全不同的评价标准与文论体系，促进了文学意识的觉醒。① 总之，孔子对《诗》之特性的高度概括，目的在于让学生能够从整体上把握《诗》的特点。

上博简《孔子诗论》载，"闗疋之攺（怡），梂木之害（时），……闗疋㠯（以）色俞（喻）于豊（礼）。"② 《关雎》为《诗》之首篇，孔子提出《关雎》"以色喻于礼"，即是以礼乐节制人欲。从文学的角度看，这是"童而偕"的具体体现，"童"代表青年人的朝气、真挚、火热的情感，"偕"则是人类社会彼此都能接受的最佳融合状态，在《关雎》一诗中，"寤寐求之"是其"童"，而"钟鼓乐之"是其"偕"，这种诗学思想内涵深厚且具有一定的普遍意义。③ 同时，也须注意到，《孔子诗论》言《诗经·关雎》主旨是"攺"，即由"好色之愿"到"返纳于礼"的转变，这反映了孔子希望"正夫妇"之礼的愿望，以及要求人们"克己复礼"并重视婚姻家庭伦理教化的观念。④

综观《孔子诗论》，其文以一个字概括一篇诗的主题，作者一方面肯定诗歌情感的价值，另一方面又倡导以礼节情，可见，"情"与"礼"是《孔子诗论》中两个最重要的概念，"情"与"礼"的关系是儒家文论中最重要的关系，他们相反相生，相辅相成，既对立又统一，这说明"发乎情，止乎礼义"是儒家处理"情"与"礼"关系问题的典型理论模式。⑤ 就《论语》和上博简《孔子诗论》所反映的诗学思想的异同而言，《孔子诗论》吸纳了《论语》诗乐教化和兴观群怨等学术观点，但在学《诗》目的上，它不像《论语》那样重视出使应对；在说《诗》方

---

① 参见徐正英：《上博简〈孔子诗论〉"文亡隐意"说的文体学意义》，《文艺研究》2014年第6期。

② 马承源：《上海博物馆藏战国楚竹书》（一），上海古籍出版社2001年版，第139页。

③ 参见刘信芳：《孔子诗论述学》，安徽大学出版社2003年版，第36页。

④ 参见王晖：《从〈孔子诗论〉所言〈关雎〉主旨看儒家的礼教思想》，《中国哲学史》2005年第4期。

⑤ 参见陈桐生：《上博简〈孔子诗论〉对诗教学说的理论贡献》，《陕西师范大学学报》（哲学社会科学版）2006年第4期。

法上，它不像《论语》那样断章取义，而是直探诗旨本身。①孔子的诗学思想也反映出文学关心人的成长与生活，反映人的喜怒哀乐的诗性特征。②

上博简《孔子诗论》虽保留了孔子的诗学思想，但文本本身出自孔子后学，也反映了战国儒家的诗学思想。不过，就孔门诗学的主旨而言，以《诗》节制行为的诗学思想是一贯的，这不仅影响着孔子及其弟子的诗学修养，也对他们的日常生活产生影响。受孔子诗学思想影响，孔子弟子无论出身如何、文学修养基础如何，都需要习诵《诗》，借此了解《诗》所表达或反映的自然界、人类历史等诸多信息，以丰富他们的语言、历史等知识，提升他们的表达、思维等能力。在此基础上，孔子弟子还需有征引《诗》的意识和能力，这一方面是继承孔子引《诗》《书》说理的学术传统，另一方面也是自身学术修养的体现。此外，如若能像子贡、子夏那样或引《诗》说理或对《诗》意有所引申，那么，就意味着既掌握了孔子诗学的要旨，又具有较完善的诗学修养。当然，习诵《诗》的最高境界在于身体力行，将日常生活之"情"与儒家规范下的"性"完美结合在一起，以《诗》之意旨去掌控日常行为。从这个角度讲，《论语》所见孔子弟子们的文学修养一定程度上是其日常生活状态在文学世界里的反映。

## 三、《论语》里的文学生活

《论语》所见孔子及其弟子的文学生活往往以格言、对话的形式得以体现，有时也以弟子们的诗学观得以表达。"子以四教：文、行、忠、信"③，当诗教活动与君子人格联系到一起，便会直接作用于他们的日常

---

① 参见陈桐生：《〈论语〉与〈孔子诗论〉的学术联系与区别》，《孔子研究》2004 年第 2 期。
② 参见方铭：《〈孔子诗论〉与孔子文学目的论的再认识》，《文艺研究》2002 年第 2 期。
③ 《论语·述而》，见程树德撰，程俊英、蒋见元点校：《论语集释》，中华书局 2014 年版，第 627 页。

生活，孔子说："君子博学于文，约之以礼，亦可以弗畔矣夫。"①曾子也说："君子以文会友，以友辅仁。"②孔门日常生活与君子修为的互为统摄关系影响着他们对《诗》的理解，也影响着他们对《诗》之功能的期许。结合孔子及其弟子关于《诗》所代表的理想生活方式的叙述、实践，可以看出，在他们的文学世界里，"诗""礼""乐"并没有难易之分，先后之次，深浅之别，三者相互配合、相互为用，其中，"兴于诗"是孔子对弟子进行人格培养的起始路径，它既是孔子的教育思想，也是孔子的文学观念，同时又是儒家君子人格养成的逻辑起点。③

　　孔子的日常生活颇具诗性。孔子生于诗性文化兴盛的春秋中后期，又在诗性文化特别发达的鲁国出生成长，再加上孔子的"每事问"的好学精神，学礼学乐，学无常师，所以孔子的诗性文化的素养甚高。④这种素养首先表现在孔子的语言表达方面。从《论语》记载看，孔子的语言观可分为三点：一是慎言，二是要言行一致，三是应当做到语言有文采。⑤其次，孔子的文学观念也具有十分丰富的内涵，从社会学角度看，文学是孔子对西周以来社会上层建筑的一种概括；从教育学角度看，文学是孔子培养人才的一种类型；从政治学角度看，文学是孔子鼓励学生从政的一种方式；从文化学角度而言，文学是孔子对儒家文化学术的一种指称。孔子的文学观念是对中国古代文化思想和人文精神的一次理论总结，体现出中华民族注重整体长于综合的思维特点，而其中蕴含的"人文化成"的思想使中国文学自觉承担起社会政治伦理教化责任，陶

---

①　《论语·雍也》，见程树德撰，程俊英、蒋见元点校：《论语集释》，中华书局2014年版，第537页。

②　《论语·颜渊》，见程树德撰，程俊英、蒋见元点校：《论语集释》，中华书局2014年版，第1133页。

③　参见王齐洲、李晓华：《"兴于诗"：儒家君子人格养成的逻辑起点——孔子文学教育思想探论之一》，江西师范大学学报（哲学社会科学版）2017年第2期。

④　参见王志民：《试论〈论语〉文学表现的诗化特征》，《孔子研究》2003年第6期。

⑤　参见晁福林：《试析上博简〈诗论〉中的"知言"与"不知言"——附论〈诗论〉简所反映的孔子语言观》，《齐鲁学刊》2007年第5期。

铸了中华民族的文化心理与文化性格。①

　　孔子一些弟子的日常生活亦具有一定的诗性，尤其是作为"孔门四科"之一的"文学"，其语谈举止富有诗的意义，这种日常生活形态也说明孔子希望他的学生能够践行付诸政治实践的文治教化之学，而弟子们的一些格言式的表述也富有文学意味，这既说明文学修养有助于提升他们的道德和知识水平，也说明《论语》在孔子及其弟子人物形象塑造上体现了高超的文学手法，因而有着重要的文学价值。②孔子及其弟子建构起来的《诗》学传承模式，对于后世来说具有重要的文学传播价值，无论是征引《诗》来说理的学术传统，以《诗》作为教材教育弟子门人的授徒方式，还是以《诗》配合德性的养成并以此来充实日常生活的做法，经过孔子弟子们的习学和传播，使春秋末期至战国前中期的文学传播出现新的格局。③

　　当然，展现孔子及其弟子文学生活的文本——《论语》亦具有浓郁的文学色彩，它本身就是孔门文学世界的重要组成部分。正如钱基博所言："上古文字初开，实字多，虚字少。周诰、殷盘，佶屈聱牙，虚字不多，木强寡神。至孔子之文，虚字渐备；赞《易》用'者''也'二字特多。而《论语》《左传》，其中'之''乎''也''者''矣''焉''哉'无不具备；作者神态毕出，尤觉脱口如生。此实中国文学一大进步。盖文学之大用在表情；而虚字者，则情之所由表也；文必虚字备而后神态出焉。"④《论语》的文学色彩主要表现于孔子及其弟子的形象、性格以及深刻平实、含蓄隽永的语言⑤，而其诗化特征主要表现在语言的诗化、表现手法的诗化、形象的诗化三个方面。具体来说，《论语》诸语录近

---

① 参见王济洲：《论孔子的文学观念——兼释孔门四科与孔门四教》，《孔子研究》1998 年第 1 期。
② 参见胡念贻：《从人物形象论〈论语〉的文学价值》，《文史哲》1962 年第 3 期。
③ 参见陈桐生：《孔子师徒的文学传播》，《江西师范大学学报》（哲学社会科学版）2010 年第 2 期。
④ 钱基博：《现代中国文学史》，岳麓书社 1986 年版，第 17 页。
⑤ 参见袁行霈：《中国文学史》（第 1 卷），高等教育出版社 1999 年版，第 109 页。

诗而远哲理散文，大多数篇章因事而发，有问而答，句式简短，结构虽松散，却讲求齐整，长短有致，这类似于诗之一事一咏，简短精炼。并且《论语》语录多为有感而发，口语实录，语带感情，文多感叹，语气抑扬跌宕，韵散间出，这又与诗的特点较接近。总之，《论语》有着鲜明的诗化特征。①

_____

① 参见王志民：《试论〈论语〉文学表现的诗化特征》，《孔子研究》2003 年第 6 期。

# 第四章 《论语》所见孔子及其后学的学术思想

## 第一节 孔子教育思想辨正

本节通过分析孔子教育思想的基本内容，指出其精英教育的特质，并在此基础上分析孔子教育理念中偏于"文"的现象，以及这一现象对中国文化的影响。

## 一、精英教育及其特质

孔子教育思想是热门话题，研究成果颇丰，无论是关于孔子教育思想的具体内容，还是其教育思想的意义、影响等，都是古今学者关注的话题。笔者试图通过分析孔子教育思想涉及的主要问题，探究其基本特征，进而对这一特征做进一步分析。

### （一）孔子教育思想述评

孔子首开私学，其教育思想的实践特征颇为鲜明，加之儒学的教育传承体系一定程度上等同于中国古代教育体系本身，因此，孔子的教育思想既为历代学人所传承，又是人们反思教育实践活动的理论背景，所以既有重大的社会影响，又有长期的实践效应。同时，孔子教育思想是否具有思想理念上的独尊地位，或者说，孔子教育思想的理念价值是否独树一帜，也是值得反思的问题。

首先，孔子"有教无类"①的思想是其教育思想中普遍得到尊重的一个理念。何谓"有教无类"，历代学者皆做过阐释。何晏《论语集解》采录马融的注解，"言人所在见（被）教，无有种类。"②明人高拱《问辨录》："类是族类。言教之所施，不分族类。"③近现代学者大多遵从此解。简言之，"有教无类"是指教育不分族类。从这一角度考察孔子教育思想中关于受教对象问题的认识，可以看出，其中的确具有鲜明的时代超越性，因为直到春秋中后期，以血缘关系来划分社会资源的做法仍是那个时代最为突出的社会特征之一，孔子在观念上突破了这一社会现象的束缚，并在教育实践中做到"有教无类"，无疑能够证明其教育思想的进步性。当然，也有不同于上述的解释，如解为贵贱不同，皇侃《论语义疏》："人乃有贵贱，同宜资教，不可以其种类庶鄙而不教之，教之则善，本无类也。"④解为善恶不同，朱熹《论语集注》："人性皆善，而其类有善恶之殊者，气习之染也。故君子有教，则人皆可以复于善，而不当复论其类之恶矣。"⑤这些解释也有其合理的一面，孔子所说的"类"，只能按类别去理解，孔子不仅仅只教授一类人，而是不分类别地施教，亦能反映其教育理念的超前性。

当然，也须看到，"有教无类"这一教育理念本身与孔子教育实践之间的真实关系，即孔子所谓的"类"，是对男性群体的分类，并不涉及女性世界。从教育内容看，孔子所教者乃为入仕之学，从学者如有其他目的，孔子恐怕也满足不了他们，从这个角度看，"有教无类"也有

① 《论语·卫灵公》，见程树德撰，程俊英、蒋见元点校：《论语集释》，中华书局 2014 年版，第 1450 页。
② （魏）何晏撰：《论语集解》，中华书局 1998 年版，第 70 页。
③ （明）高拱撰，岳金西、岳天雷校注：《问辨录》，中州古籍出版社 1998 年版，第 208 页。
④ （魏）何晏集解，（梁）皇侃义疏：《论语集解义疏》，中华书局 1985 年版，第 226 页。
⑤ （宋）朱熹撰：《四书章句集注》，中华书局 1983 年版，第 168 页。

它的局限性，或者说，这个"类"仅指一部分试图成为社会精英的弟子们，只要有成为君子的目标，就可以不问出身、贫富、贵贱。

其次，"因材施教"被看作是孔子教育观念的一大特色。根据学生自身的性格特点、文化程度等来安排施教内容及方式，使教育吻合人的个性，是具有通约性质的一种教育理念。从孔子对其主要弟子的施教看，孔子一定程度上做到了"因材施教"，比如，在"闻斯行诸"问题上，他对子路和冉有的教导有所不同，主要原因是二人的个性不同，施之以不同的教化，目的在于利用其性格特点，达到理念与行为的和谐。

"因材施教"的前提是教育主体的精英化趋向，只有教育过程中施教者和被教者皆为社会精英，有目地实施精英化的教育，而非一般知识的养成教育，才有可能做到"因材施教"。孔子虽说有弟子三千人，但亲炙弟子并不多，一些弟子长期追随孔子，孔子不仅了解他们的性格特点，也对他们的人生目标了如指掌，这都为实施"因材教育"提供了前提条件。

再次，强调"举一反三"也被看作是孔子教育思想的组成部分。孔子曾说："不愤不启，不悱不发。举一隅不以三隅反，则不复也。"① 在孔子看来，不能做到"举一反三"者，就先不能教他新的知识，因为只有经过刻苦思索者，才会领悟知识的延展性。子夏曾问："'巧笑倩兮，美目盼兮，素以为绚兮。'何谓也？"孔子回答说："绘事后素。"他又问："礼后乎？"孔子感叹道："起予者商也！始可与言《诗》已矣。"② 显然，在孔子眼里，子夏是位能够做到"举一反三"的好学生。

对受教者来说，"举一反三"是对个人素质的挑战，只有试图通过接受教育使自身社会地位、生存境遇得到明显改善者，才会尽全力去接受这样的挑战。"举一反三"也是教师遴选优秀学生的一种方式，正如

---

① 《论语·述而》，见程树德撰，程俊英、蒋见元点校：《论语集释》，中华书局2014年版，第578页。

② 《论语·八佾》，见程树德撰，程俊英、蒋见元点校：《论语集释》，中华书局2014年版，第202—205页。

孔子所言，"举一隅不以三隅反，则不复也"。这些现象都说明，孔子"举一反三"的教育思想也有精英教育的内涵。

复次，孔子强调"温故知新"，曾说："温故而知新，可以为师矣。"①这说明，强调"温故知新"是孔子的一个教育主张。通过温习旧知识来获取新知是一般性的知识获取方式，在知识学习与知识创新过程中，这一理念具有一定的通约性，因此，就这一理念本身而言，并无新奇之处。不过，从这一理念的实践过程来看，真正做到"温故知新"就意味着长期的乃至终生的学习，总是通过温习旧知识来获取新知，或为获得新知识打基础，是一项需要长期坚持的学习方法，包含其中的精英教育理念也是显而易见的。

最后，孔子关于"学"与"思"关系的思考也是其教育思想的组成部分。孔子说："学而不思则罔，思而不学则殆。"②孔子强调"学"与"思"相辅相成的关系，他还说过："吾尝终日不食，终夜不寝，以思，无益，不如学也。"③说明孔子更强调"学"的重要性。在一般性的学习活动中，学生掌握教师所传授的知识，并利用这些知识解决实际问题，不注重知识背后的理念、思想乃至哲学话题，这是一般性的学习。对于精英化的教育来说，学知识只是受教育的一个方面，重要的是要学会思考，尤其是要掌握基于所学知识的反思能力；反之，仅有反思的意识还不够，要持续地进行学习和思考，这些显然也是精英教育的范畴。

黑格尔在他的《哲学史讲义》中说："我们看到孔子和他的弟子们的谈话，里面所讲的是一种常识道德，这种常识道德我们在哪里都找得到，在哪个民族里都找得到，可能还要好些，这是毫无出色之点的东西。孔子只是一个实际的世间智者，在他那里思辨的哲学是一点也没有

---

① 《论语·为政》，见程树德撰，程俊英、蒋见元点校：《论语集释》，中华书局2014年版，第122页。

② 《论语·为政》，见程树德撰，程俊英、蒋见元点校：《论语集释》，中华书局2014年版，第133页。

③ 《论语·卫灵公》，见程树德撰，程俊英、蒋见元点校：《论语集释》，中华书局2014年版，第1440页。

的——只有一些善良的、老练的、道德的教训，从里面我们不能获得什么特殊的东西。"[①]且不说孔子思想中是否有"思辨的哲学"，仅就孔子教育思想而言，它的确是"哪里都找得到，在哪个民族里都找得到"的东西，的确没有思想上的个我性和独特性，不过，黑格尔可能忽视了的是，恰恰是这些"常识道理"，结合着中国古代的社会现象，造就了中华文化的基本特征，其内涵之丰富、影响之深远，并不会因为这样的评价而逊色。

### （二）孔子教育思想的特质

从以上分析看，孔子教育思想的本质并不在于教育思想本身的特质，而在于这一教育思想的适用对象，即孔子推行的教育是精英教育，其教育思想的特质也在于教育理念的精英本位。

解析孔子教育思想的特质，首先应当对其教育思想的来源有个明确的认知。笔者认为孔子教育思想脱胎于商周贵族教育，无论是其教育思想的具体内容，还是这些内容所体现出的思想特质，都与商周贵族教育有关。

商周贵族子弟普遍接受教育，这一点已由甲金文字材料所证明，学界对此也有较深入的研究，据王晖先生研究，商代的武学堂被称为"养"，后世称之为"庠"；周代武学堂被称为"射"，异体作"府""榭"，古文献通假字又作"序"。周代的武学堂"大学"辟雍不仅是教学射御技术的场所，而且也是进行礼仪活动教育的场所。从先秦秦汉文献可见，大约十四岁以下是"小学"阶段，十五岁以上是"大学"阶段。按照"六艺"即礼、乐、射、御（驭）、书、数来看，"小学"阶段学习的内容主要是"六艺"中的书、数以及文乐文舞，属于文学堂；"大学"阶段学习的内容主要是"六艺"中射、御、礼以及武乐武舞，

---

① （德）黑格尔：《哲学史讲演录》（第 1 卷），贺麟等译，商务印书馆 2011 年版，第 130 页。

属于武学堂。① 由此可见，从教育内容上看，孔子继承了商周以"六艺"教授贵族子弟的传统，从教育的分类上看，商周教育以贵族子弟年龄为标准，分"小学""大学"两个阶段，这是较为朴素的"因材施教"理念的体现，孔子的这一教育理念与之亦有渊源关系。

最为关键的是，商周贵族的教育目标与孔子的教育目标是一致的。商周王官之学教育贵族子弟的目的在于让他们获得参政议政的能力，使借助血缘关系获取权力的各级贵族能够拥有驾驭权力、使用权力的能力。如前所述，孔子培养君子的目的在于使其具备控御权力的能力，因此，参政议政是孔子弟子的天然使命，孔子施教的目的就在于使弟子们拥有参政议政之能力。

由此可见，无论是在教育内容、教育方式，还是在教育目的上，孔子皆继承商周贵族教育传统，这一方面说明孔子教育思想有其渊源可循，另一方面说明孔子推行的教育就其实质而言仍是贵族教育，所不同的是，孔子并不固守以血缘关系为准则的权力划分方式。

贵族教育的特质即是精英教育。这种教育不追求普遍的、大众化的教育，只在特定的人群范围内展开。精英教育的出发点在于这样的教育是为少数人服务的，孔子开设的私学因其教育内容和教育目标的特殊性，只适用于儒生的道德养成和入仕培养，尽管孔子提倡"有教无类"，但从追随他的三批弟子受教过程看，孔子也采取了择善者教之的原则，这与商周时期仅向贵族子弟提供教育的做法也有一定的内在关联。这种教育的目标是培养国家精英，受商周时代的这一教育传统影响，孔子也以培养社会精英为教育目标，这就决定了他的教育理念和施教内容只适合于社会精英而非一般大众。因为普通百姓既无法承担起重整礼乐的社会责任，也无法仅学习入仕知识而忽略生存问题，而社会精英的幸运在于他们不用为基本的生存奔波，也有通过参政议政改变社会现象的一些

---

① 参见王晖：《庠序：商周武学堂考辨——兼论周代小学大学所学内容之别》，《中国史研究》2015 年第 3 期。

条件，以及为了达到这样的目标而生成内在决心和意志。精英教育引导下的教育理念为优质人才服务，这一点也是显而易见的，而这也决定了精英教育只针对少数人的思想特质。如果说，商周社会是典型的贵族社会，教育体系仅为贵族服务，体现了精英阶层控制社会资源的特点的话，那么，孔子推行的精英教育也是为少数人服务的，因为只有少数精英的受教实践才有可能真正贯彻孔子的教育思想，这一点已在前文中做了分析。总之，精英教育本质上是统治阶层的教育。

我们在诸章节中反复说过，孔子培养君子的目的在于借君子的力量控御权力，从而使得权力体系能够成为儒家理想政治的实践平台。基于这样的看法，再去考察孔子教育思想的特质，我们能够明确地看到孔子推行的是精英教育，而不是大众教育，孔子的教育思想适应于少数精英，而非一般大众。由此，有必要反思孔子教育思想的适用范围，不能把孔子教育思想中的一些理念本身看作是其教育思想的实质，也不能想当然地认为孔子的教育思想适用于大众化的教育。

以往的研究过分强调孔子教育思想中具体理念的普适性，忽略了他的教育思想的根本特质，尤其是把孔子养成君子的教育理念看作是向民间推行知识的做法，把孔子的精英教育理念与推行私学的结果混同起来，只看到其推行的教育下移到平民[①]，却看不到参与孔子教化的平民需要接受精英教育的事实，这样的理解既遮蔽了孔子教育的特质，又误解了儒家私学的性质。

## 二、文而化之：孔子教育观偏重于"文"的现象解析

在上述关于孔子教育思想特质论证的基础上，还有必要进一步分析孔子教育观念中一些并不引人注意却产生过重要影响的内容，尤其是在人才培养方面偏重于"文"的现象，以及这一现象对中国文化产生的深

---

① 参见孙培青主编：《中国教育史》，华东师范大学出版社2000年版，第48页。

刻影响。

孔子曾说："质胜文则野，文胜质则史。文质彬彬，然后君子。"[①]
可见，在养成君子的问题上，孔子认为"文"和"质"应当相协调，如
果其中一种特性多过另一种，则会产生不良结果，真正的君子应当"文
质彬彬"。孔子的这句话可以看作是他心目中合格君子的标准，也是他
培养君子的一个思想纲领。然而，孔子虽有这样的主张，但在实际培养
学生过程中，显然重视"文"超过了"质"。

## （一）重"文"的具体表现

孔子重"文"首先表现于他对学生的培养方面。孔子以"六艺"授
徒，教学内容本身确保了学生文武兼备的素养，但这并不一定确保培养
出来的弟子能够"文质彬彬"，因为在孔子眼里，"质"的因素有时会妨
碍君子人格的塑造。比如，孔子对子路的教育过程就十分典型地体现了
孔子重"文"的价值取向。子路的个性中有十分鲜明的"质"的因素，
这是他生而有之的天性，然而，在孔子看来，这些粗鄙、天真、率直
的个性因素使子路看上去过于"野"，与儒家讲求的君子格格不入，所
以，针对子路个性中的"野"的因素，孔子施之以教化，让他逐步接近
于"文"。经过孔子漫长艰辛的教化，子路的个性发生了巨大变化，以
从政能力强而著称的子路，最终在卫国为一顶冠冕死于乱刀之下。子贡
也是位个性特征突出的弟子，他身上的"质"包括直爽地指出他人缺
点，按己意评价历史人物等。然而，在孔子看来，这些都是与生俱来的
性格弱点，真正的君子不会直截了当地"谤人"，且应当把尧舜之德看
作是评价历史人物的准则。宰我的个性更为鲜明，孔子对他的批评也甚
为激烈，从《论语》所载语录看，宰我并没有因为其师的批评改变他的
想法，一定程度上保留了个性中的"质"。

---

① 《论语·雍也》，见程树德撰，程俊英、蒋见元点校：《论语集释》，中华书局 2014 年版，
第 516 页。

通过教育学生改变其个性因素中不利于养成君子的成分，恐怕是儒家的一贯做法，但是，如若只看到孔子对于学生"文"的教化，却看不到弟子们"质"的因素的退让或削减，或者以至于对抗，那么，实际上就等于单方面地认定孔子教育观念完全合理，这恐怕既不符合事实，更无益于对该问题认知的深化。

孔子教育观偏于"文"的现象还表现在价值判断上的绝对性与唯一性。教育的目的在于养成合理的价值观，并利用这样的价值观去引导学生创造新的知识，完成新的使命。对于孔子而言，在教育弟子过程中始终贯彻的价值观往往取决于他的历史观念，即以尧舜、文武之道作为判断一切事物的价值标准，并由此形成价值判断的绝对性和唯一性。

南宫适问于孔子："羿善射，奡荡舟，俱不得其死然。禹、稷躬稼而有天下。"孔子没有回答，待南宫适出去后他说："君子哉若人！尚德哉若人！"[1] 显然，孔子对南宫适赞美"禹、稷圣躬稼而有天下"是十分满意的。从《论语》所载相关语录看，孔子培养君子的过程中，试图让弟子获得知识、德性及入仕意识等方面的全面训练，并要求弟子的上述素养全面收摄于对尧舜、文武之道的绝对遵奉上。这种价值观的唯一性与绝对性实质上也属于偏于"文"的范畴，与"质"所对应的人类个性的多元性以及这种多元性所规导出的价值观念的多元性是相对立的。进而言之，在孔子弟子人格养成中，"文"往往指弟子个性及价值观念上的一致性，"质"则被看作是个性及其价值观偏离尧舜、文武之道的诸多表现形式。

孔子教育观偏于"文"的现象还表现在孔子对时人的评价方面。孔子对老朋友原壤的态度反映出孔子对道家"无为"所包含着的"质"的鄙视态度，原壤处处与孔子作对，有意识地展现他的"无为"思想，孔

---

[1] 《论语·宪问》，见程树德撰，程俊英、蒋见元点校：《论语集释》，中华书局2014年版，第1227页。

子有时无可奈何，有时则以"老而不死，是为贼"①予以回击。长沮、桀溺、荷蓧丈人等隐士的价值观念也与孔子不同，针对这些人的讽刺，子路沉默对之，孔子则以"鸟兽不可与同群"②回应之。诸子百家争鸣的时代，思想的自由表达的确是那个时期颇具代表性的时代特征，与此同时，诸子间的攻伐也十分显著地反映出诸子试图以己意取代他者思想的意志，这一点在孔子身上也有反映或表现。

总之，如果深入分析孔子教育观偏于"文"的现象，会明显地感知到孔子教育观中的"文"代表了儒家认为合理的知识观，其价值观念的唯一性和绝对性，以及对其他思想观念的拒斥。事实上，"文"代表着儒家思想观念在君子人格上的表现形式，其合理性建构亦来自儒家思想，而"质"反映出的是人类社会在知识观念、价值观等方面的多元性，它往往依托于人的自然天性，却时时可能要接受外在思想观念的约束或改造。

### （二）偏于"文"的影响

首先，孔子教育观中偏于"文"的现象对孔子施教过程有一定影响。孔子以"文"要求学生，试图改造他们的个性，或者以儒家的价值标准去影响弟子的价值判断，一方面使得儒家的学派特征和思想主张趋于统一、典型，另一方面妨碍了儒家思想多元发展的学术进程。

在儒家学派特征和思想主张趋于统一、典型这一问题上，笔者认为，偏于"文"的观念本身就是一种价值观，或者说是一种判别思想主张的准则，孔子以此要求学生，使得他们逐步形成趋于统一的价值判断和思想主张，从而形成必要的思想边界，为儒家哲学思想的典型化提供了心理动能。尽管春秋时期诸子思想的分野相对较弱，但在知识观、社

---

① 《论语·宪问》，见程树德撰，程俊英、蒋见元点校：《论语集释》，中华书局 2014 年版，第 1345 页。
② 《论语·微子》，见程树德撰，程俊英、蒋见元点校：《论语集释》，中华书局 2014 年版，第 1635 页。

会观及政治观方面，诸子的价值倾向已然较为明晰，作为其中的一个学派，孔子以商周贵族文化传统中的"文"的文本、礼仪等因素培养弟子，以尧舜、文武之道所代表的价值观改造弟子，并以儒家的伦理观念约束弟子，其目的就是要培养儒家思想观念中合格的君子，并以此为契机，形成儒家学派独特的知识观、价值观及政治观等。从这个角度讲，孔子教育观中偏于"文"的现象有其合理性。

从这一观念妨碍儒家思想观念多元化进程角度看，孔子偏于"文"的主张对一些弟子而言并非幸事。就子路而言，其入仕能力的获得是以牺牲个性为代价的，那种生机勃勃的质朴人格的丧失，使得子路沦为儒家价值观的传声筒，文而化之的结果即是子路丢失了质朴的本原性格。如若宰我思想观念能够得以舒展，那么至少可以丰富儒家的认知观念，以及从多角度判断事物的问题意识。然而，当宰我的思想个性受到"文"的影响或约束，其思想的张力和影响力大大下降。

其次，从长时段的影响看，孔子教育观中偏于"文"的因素对中华文明的传承和中国人个性的塑造也产生过重要影响。

如前所述，孔子继承了商周贵族政治及其文化传统，为中华文化保存了自由主义的思想火花，其贡献之巨大可谓无人出其右。与此同时，孔子对商周文化的选择和继承方面，因拘泥于儒家思想，亦对中华文化的发展产生过一些不利影响。比如，孔子以儒家思想观念为准则整理《诗》，删除了不合于儒家礼乐思想的篇章，使其无法存续，这不能不说是个重大的文化损失。在孔子偏于"文"的教育观影响下，"六艺"之学亦不能完整地存续下来，尤其是对于保存或延展人类个性的知识基础来说，孔子的教育观念及其流播是它们消逝于人类历史长河的主因。

儒家观念对中国人知识观、价值观等方面塑造作用是十分突出的，尤其是对入仕之学的重视，对家庭伦理观的尊奉等，甚至可以说是中华文明的突出特征。除此而外，孔子偏于"文"的教育观对中国人个性的塑造作用也是十分突出。在这种教育观的影响下，儒家教育体系往往与人类的天性为敌，并致力于改造人类天性，使得参与其中的受教者不得不放弃自我个性以换取相应的社会资源，或通过隐藏个性与某一社会势力达成妥协，从而使得儒家控制下的教育体系成为城府极深却缺乏良知的所谓儒生的"训练场"。时至今日，在这种教育观影响下，各个学校都会有这样的老师，他们声称"教育就是要磨掉你们的棱棱角角"，有意无意地与学生的天性为敌，以把学生驯化为分数的奴隶或听话的好孩子为施教目标，一代又一代继续着"文而化之"的教育悲剧。

当下，儒学热已然渗入社会的各个方面，优秀传统文化因子复活的同时，一些文化糟粕也起死回生，重又回到人们的视野，并对当代中国文化产生诸多不良影响。就继承孔子的教育观而言，不能不加甄别地照单全收，应当对其偏于"文"的观念有所警惕，以尊重个性、重视多元的现代教育理念去涤荡其中的糟粕，使传统与现代真正有机地融通起来。

# 第二节 逝者如斯：政治史视域中的孔子易学思想

孔子的易学观是学术界热议的话题。近年来，帛书《易传》的出土，为进一步研究孔子易学思想提供了新材料，相关成果颇为丰硕。笔者试图以《论语》相关语录为线索，在政治史视域中讨论孔子易学思想的变化过程，并借此研探卜筮之学、易学观念对春秋中后期政治的作用与影响。

## 一、变易之道：自我人生与现实政治的实际体验

据学者研究，孔子曾视《周易》为卜筮之书，为君子所羞称，晚年

易学观发生了大的转变①，为改变《周易》文本性质，孔子还确立见仁见智的解释学原则。②也有学者认为孔子经历了从学《易》到精于《易》占的心路历程。③事实上，孔子的"从周"意识是一以贯之的思想理念，对其政治观形成决定性影响，因此，涵盖西周早期易学思想的周文化向来是孔子思想观念形成的历史文化背景，不存在早年视《周易》为卜筮之书而轻视之的情况，而其易学观随年龄增长而精进则是符合实际的。

### （一）易学观与个我人生体验

孔子对上古易学观念的承续，首先表现在他的个我人生体验方面。孔子曾说："吾十有五而志于学，三十而立，四十而不惑，五十而知天命，六十而耳顺，七十而从心所欲，不逾矩。"④随着年龄增长，对宇宙、社会及人生的认知不断提升，最终达到"从心所欲"的地步，这与《周易》卦爻逐级推衍的时序观念和逻辑思维是相一致的。正如《周易·说卦》所言，"昔者圣人之作《易》也，幽赞于神明而生蓍，参天两地而倚数，观变于阴阳而立卦，发挥于刚柔而生爻；和顺于道德而理于义，穷理尽性以至于命。"⑤尽管作为卜筮之书的《周易》源于律历、象数，但解释、发挥《周易》精义者显然注意到变易之道与自我人生体验之间深刻的内在关联。

孔子的人生轨迹是变易之道在君子身上的典型体现。他早年有志于"学"，即学习"六艺"，为参政议政做准备。孔子入仕之途很不顺利，但这并不妨碍他"三十而立"，且这种"立"是基于兴办私学的社

---

① 参见廖名春：《试论孔子易学观的转变》，《孔子研究》1995 年第 4 期。

② 参见林忠军：《从帛书〈易传〉看孔子易学解释及其转向》，《北京大学学报》（哲学社会科学版）2007 年第 3 期。

③ 参见刘大钧：《孔子与〈周易〉及〈易〉占》，《社会科学战线》2010 年第 12 期。

④ 《论语·为政》，见程树德撰，程俊英、蒋见元点校：《论语集释》，中华书局 2014 年版，第 91—98 页。

⑤ （魏）王弼、（晋）韩康伯注，（唐）孔颖达等正义：《周易正义》，（清）阮元校刻：《十三经注疏》（一），中华书局 2009 年版，第 195—196 页。

会及学术影响力。至不惑之年，孔子仍执念于从政，没有因个我特殊的人生际遇放弃政治抱负。这一时期，孔子应当已经用变易的观念观察时事、体会人生，因此，他并不仰赖具体的占卜技术，即所谓"不占而已矣"①。

人生在世，须直面吉凶祸福，而为何得到吉福，为何要遭遇凶祸，既与外在社会关系与时代因素有关，更与个我的生活际遇和人生体验相关，尤其是给人生造成诸多困难的境遇，往往包含个我"制造"因素。在这样的情形下，何谓福、何谓祸，有时是一种独特的生命体验，包含其中的变易规则可能是形成这种人生体验的心理动能。孔子大概在"知天命"之年获得了入仕机会，人生际遇因此发生大的变化，坚持数十年的政治理想也暂时有了实践的机会。然而，这次入仕机会中埋伏着可能会让孔子人生面临更为严峻考验的风险，他对此当然有清醒的认识，不过，孔子并没有因此放弃实践政治观的宝贵机遇。试图强化鲁公政治地位的变革失败后，孔子只好离开鲁国，但他仍未放弃寻找入仕机会以践行政治主张的努力。正如他所言，"仁者不忧，知者不惑，勇者不惧"②。当变易之道与人生体验合而为一时，孔子对时政的认识，对人生际遇的体验，与文王处于困厄之境仍谋划周族大业的心理动能多有相似之处。

过了"耳顺"之年的孔子，更多地注重培养弟子们的从政能力，游历各国的主要目的也是为了给弟子们创造入仕机会。晚年归鲁后，孔子对变易之道的体会一如他"从心所欲"的人生境界一样，已然达到"不逾矩"的境界。晚年孔子还注重于易学的文本研习，他说："加我数年，五十以学《易》，可以无大过矣。"③孔子的人生体验与变易之道真正融

---

① 《论语·子路》，见程树德撰，程俊英、蒋见元点校：《论语集释》，中华书局 2014 年版，第 1204 页。
② 《论语·子罕》，见程树德撰，程俊英、蒋见元点校：《论语集释》，中华书局 2014 年版，第 1303 页。
③ 《论语·述而》，见程树德撰，程俊英、蒋见元点校：《论语集释》，中华书局 2014 年版，第 605 页。

合在了一起。

总之，孔子的个我人生经历及其人生体验似乎与《周易》卦爻之间的时序关系和逻辑顺序是暗合着的，从人生初长至暮年，表面上看都是线性的时间顺序和单向的逻辑关系，但细究之，变易之道中复杂的时序变化和复合式的逻辑思维，与孔子一生复杂多变的人生经历亦能巧妙地契合，同时，《周易》的核心理念和孔子矢志不渝的入仕情怀一样，皆有一以贯之的特点。《周易·贲》云："观乎天文以察时变；观乎人文以化成天下。"[①] 孔子的人生体验本身可以看作是"察时变"的结果，他的最终目标则是"化成天下"，当变易之道与人生体验完全结合在一起时，变易即人生，人生即变易。

### （二）易学观与现实政治

孔子对上古易学观的继承、运用与他对现实政治的理解、把握之间亦有深刻的内在关系。具体来说，孔子的政治观是其历史观在政治问题上的反映，而其历史观则与变易之道息息相关。换言之，了解和掌握孔子的历史观，在一定程度上等于了解和掌握了孔子的易学观。

孔子是周代传统文化的坚定拥护者，他维护传统的决心和意志主要体现于对周礼的崇尚，其中包括他在继承和维护旧有政治传统方面所秉持的立场。近代以来，人们对孔子政治观的认识往往与其现实政治立场及大的政治氛围密切相关，在一些人眼里孔子是托古改制的维新派，一些人眼中孔子则是专制统治的护佑者，还有一些人则针对时下改革开放的大背景，赋予孔子改革家的"美名"。这些过分结合时代氛围及个人政治立场的解读，往往把孔子及其政治观当作了一个实验场，冠以孔子的名号也往往名实难符。总体而言，孔子在政治观上是位保守者，他对周礼的维护之心很大程度上取决于他的文化心理。鲁哀公曾问社于

---

① （魏）王弼、（晋）韩康伯注，（唐）孔颖达等正义：《周易正义》，（清）阮元校刻：《十三经注疏》（一），中华书局 2009 年版，第 75 页。

宰我。宰我回答说："夏后氏以松，殷人以柏，周人以栗，曰，使民战栗。"孔子听说后，回应道："成事不说，遂事不谏，既往不咎。"[①]孔子没有否认宰我的"使民战栗"一说，而是认为对于过去已然发生之事应当"既往不咎"。从中可以看出，孔子并不认为周文化是完美无缺的，作为一种文化传统，延续至春秋中后期仍能作用于社会的各个方面，自然说明这样的文化传统是有价值的。

对于孔子来说，探究一种文化传统的优缺点是一个问题，对其抱有敬意并力图弘扬之，则是另外一个问题。综观《论语》，我们能够深切地感受到孔子对传统文化尤其是对周文化的热爱之心，在他看来，传统文化的价值和意义是不证自明的，热爱传统文化亦是一种不证自明的文化心理。孔子的这一认识也告诉我们，在继承传统文化问题上，任何功利主义的心态或做法都是不合适的。传统文化中的优秀因子往往与这一文化中的糟粕是联系在一起的，任何摒弃糟粕只要精华的想法都不可能真正实现。当前，"国学热""儒学热"促发了传统文化的复兴，一些原本以为扔进历史垃圾堆里的糟粕也随之复活，即是最好的证明。

从历史观角度看，孔子尊奉周文化的原因还和他对事物中新旧因素的辩证关系的理性认识有关。孔子并不排斥新生事物，尤其是对政治领域中出现的新现象、新问题抱有探究的兴趣，亦有直面的勇气。孔子深切地感受到自春秋以降，天子失位，诸侯坐大，卿大夫越权，陪臣"执国命"，政治舞台上扮演主角的社会势力在不断更新，不变的是，任何统治者都需要知识阶层，而这一阶层的来源及培养方式也应当随时代发展有所革新。同时，孔子也看到，无论是哪个新的社会阶层的崛起，或是何种新制度的诞生，其中都包含着旧的社会政治因素，特定事物包含着的新旧因素既不能截然相分，也不能分而视之，彼此之间具有复杂的密不可分的关系。

---

① 《论语·八佾》，见程树德撰，程俊英、蒋见元点校：《论语集释》，中华书局2014年版，第259—265页。

就孔子面对的现实政治而言，新旧因素彼此交织的状况构成了当时政治生活的主要方面。尽管鲁国国公权力的合法性因素不再取决于周天子的分封及天子与鲁公之间频繁、密切的朝贡关系，但是，鲁国的存续无疑与延续甚久的礼乐制度有关。尽管三桓的势力已然把持了鲁国国政，他们对地方的控制及对土地、赋税等制度的革新，成为形成君主专权的重要制度基奠，而他们与鲁公之间的等级差序至少在礼仪层面是存在着的。总之，鲁国政治的发展变化表面上看是新政治因素促成的，但不同政治势力的权力合法性建构及其在国家权力结构中的地位与作用，仍然遵循着旧有的制度规则。如果我们把鲁国现实政治中的新与旧比作变易之道中的阴与阳，会发现，二者的关系的确是辩证的，正如《周易·系辞上》所言："一阴一阳之谓道，继之者善也，成之者性也。"

孔子政治观念中渗透着变易之道，这一点是毋庸置疑的，对于政治问题而言，包含其中的新旧问题不是必然需要抉择的价值问题，也不是简单的是非问题，选择了其中新的趋向并不意味着符合了历史发展的趋势，秉持旧的传统也并不意味着开历史的倒车，真正的政治不是区分"新"或"旧"的问题，而是如何驾驭权力的问题，"是以君子将有为也，将有行也，问焉而以言其受命也如响，无有远近幽深，遂知来物"[①]。政治发展的来龙去脉，既有旧的传统因素为其导航，也有新的社会因素决定其发展方向，其中的"远近幽深"既非眼前之物，亦非平常之理。《周易·系辞下》引孔子语："天下何思何虑？天下同归而殊途，一致而百虑，天下何思何虑？日往则月来，月往则日来，日月相推而明生焉。寒往则暑来，暑往则寒来，寒暑相推而岁成焉。往者屈也，来者信也，屈信相感而利生焉。"[②] 这或许是孔子后学假托孔子所言，但含其中的变易之道显然与现实政治中新旧因素复杂的辩证关系所推导出的对

---

① （魏）王弼、（晋）韩康伯注，（唐）孔颖达等正义：《周易正义·周易·系辞上》，（清）阮元校刻：《十三经注疏》（一），中华书局 2009 年版，第 167 页。

② （魏）王弼、（晋）韩康伯注，（唐）孔颖达等正义：《周易正义》，（清）阮元校刻：《十三经注疏》（一），中华书局 2009 年版，第 182 页。

人类社会发展方向的认识是相契合的。正因为现实政治中的新旧因素是复杂的辩证关系，因此，仅仅用吉凶来衡量其中"新""旧"因素，显然无法揭示现实政治的真实面目，这也是孔子在寻求入仕过程中为何不用占卜之术的原因。

　　现实政治中的新旧因素在政治主体上的表现即为以血亲关系为基准的旧有政治主体和以军功、事功为基准的新的政治主体。商周时代的政治主体是以血亲关系为原则形成的贵族集团，血缘亲疏关系是划分权力的准则，春秋时期这一准则在较大范围内仍发挥着实际的作用；以军功、事功为基准形成的新的贵族群体是新兴的政治集团，他们代表了春秋中后期社会政治发展的新趋势，也是未来君主专权体制的主要缔造者。如果把血亲贵族比作变易之道中的"阴"，那么，军功、事功贵族则是"阳"。在政治权力面前，"阴"与"阳"之间的矛盾是相当突出的，二者之间的斗争也构成了春秋中后期政治的基本内容。在孔子设计的政治蓝图中，合理安排新、旧政治主体之间的关系，即协调好"阴"与"阳"的关系是他试图解决的主要问题。统观《论语》，我们可以发现孔子试图以德义弥合新旧政治主体之间存在的矛盾，进而统合各种政治力量，实现国家管理与社会控制的平稳、有序运行。《周易·大畜·象》曰："大畜，刚健笃实辉光，日新其德，刚上而尚贤。能止健，大正也。不家食，吉，养贤也。"[1]以儒家的德义、尚贤等思想解读卦爻，显然是对孔子结合变易之道体会、反思现实政治的一种注解。

## 二、观其德义：孔子易学观的政治学内涵

　　晚年孔子曾感叹："甚矣吾衰也！久矣吾不复梦见周公。"[2]周公之

---

[1]　（魏）王弼、（晋）韩康伯注，（唐）孔颖达等正义：《周易正义》，（清）阮元校刻：《十三经注疏》（一），中华书局2009年版，第80—81页。

[2]　《论语·述而》，见程树德撰，程俊英、蒋见元点校：《论语集释》，中华书局2014年版，第570页。

道衰微，上古易学思想对现实政治的作用也甚难通过个别人的努力得到统治者的重视。不过，暮年之时，孔子更加倚重以变易之道洞察世事，并赋予变易之道新的内涵。晚年孔子的悲叹之语或许只是个我情绪的抒发，对上古变易之道的思索仍在深化。

## （一）《周易》中的德义

关于晚年孔子更加注重易学修习，文献是有记载的。《史记》记载了孔子"晚而喜《易》"的情况，孔子读《易》"韦编三绝"[①]则是家喻户晓之事。马王堆帛书《要》也记载，"夫子老而好《易》，居则在席，行则在橐。"子贡对此甚是不解，搬出孔子原来"德行亡者，神灵之趋；知（智）谋远者，卜筮之繁（繁）"的话，质疑孔子"老而好《易》"。孔子则声称"《周易》未失也，且又（有）古之遗言焉"，并称"《易》，我后丌（其）祝卜矣！我观丌（其）德义耳也"。[②]从上述文献记载看，孔子对《周易》的态度前后似乎有很大的改变，但是，细究之，实际上晚年孔子认识到了《周易》中的德义，也更加注重用德义来解读《周易》，并不存在早年不重视变易之道，晚年却"好易"的思想转变问题。

《周易》为卜筮之书，这一点是毋庸置疑的，但它不仅仅是占卜之书，乃是上古智慧的结晶，包含着早期中国人对宇宙、自然及社会发展变化规律的思考和认知，正如《周易·系辞下》云："《易》之为书也，广大悉备，有天道焉，有人道焉，有地道焉。兼三材而两之，故六。六者非它也，三材之道也。道有变动，故曰爻；爻有等，故曰物；物相杂，故曰文；文不当，故吉凶生焉。"[③]就人类社会的政治生活而言，其中的等差、矛盾、吉凶等诸问题，一方面是客观发生的，另一方面则是

---

① 《史记》卷四七《孔子世家》，中华书局 1959 年点校本，第 1937 页。

② 《要》，载裘锡圭主编：《长沙马王堆汉墓简帛集成》（第三册），中华书局 2014 年版，第 116—118 页。

③ （魏）王弼、（晋）韩康伯注，（唐）孔颖达等正义：《周易正义》，（清）阮元校刻：《十三经注疏》（一），中华书局 2009 年版，第 188 页。

可以调节的，正因如此，才会有体现变易之道的《周易》，也才会有通过把握政治事务发生、发展的规律来调节人与人、国与国关系的具体做法。《左传·昭公二年春》记载，"晋侯使韩宣子来聘，且告为政，而来见，礼也。观书于大史氏，见《易》《象》与《鲁春秋》，曰：'周礼尽在鲁矣，吾乃今知周公之德与周之所以王也。'"①可见，周礼中包含着以变易之道处理政治事务的智慧。

周初，以人之德性调节、规范人际关系，进而在国家管理与社会控制领域贯彻德政，被认为是统治思想的核心内容，也被看作是与商代政治观最典型的区别，而从清华简《保训》中文王临终前传给姬发以"求中""得中"的为国之道的记载看，这种德治思想的形成有一个从具象到抽象化的过程。从《保训》关于"中"的阐释看，上古治国者首先要掌握"法天象地"的各种技术，即辨明阴阳、天地之气法则的能力。②这个层面的"中"起初应当是观物取象的具体方式或某种工具，而在文王的训诫中，"中"应当有"中和"之义，与孔、孟德政观念的内涵是相一致的。③可见，周初的德治思想有一个从朴素认知到逐步抽象化的过程，而反映周初政治观的《周易》显然包含着后世儒家力倡的德义思想。

除以武力、霸权实施统治外，早期国家阶段以巫术包装、强化统治也是较为流行的统治观念，尤其是在商代，这样的统治观念一度占有主导地位。随着人类文明的演进及国家统治方式的进化，以小邦国身份取代大邑商的周族上层明显感觉到靠原有统治经验无法有效实现国家管理与社会控制，他们试图用道德解决现实政治问题，并把这一统治思想与体现卜筮之术的《周易》结合起来，使之能体现德治观念。《周易·系辞下》云："《易》之兴也，其于中古乎？作《易》者，其有忧患乎？

---

① 杨伯峻：《春秋左传注》，中华书局 2009 年版，第 1226—1227 页。
② 参见魏晓立、钱宗范：《清华简〈保训〉"中"字再辨》，《古籍整理研究学刊》2015 年第 5 期。
③ 参见廖名春：《清华简〈保训〉篇"中"字释义及其他》，《孔子研究》2011 年第 2 期。

是故，履，德之基也；谦，德之柄也；复，德之本也；恒，德之固也；损，德之修也；益，德之裕也；困，德之辨也；井，德之地也；巽，德之制也。"①当每个卦爻都能体现德治，原本用于卜筮的典籍就变成了反映统治者以德义解决国家管理与社会控制问题的政治学作品了。

### （二）以德义释《周易》

孔子承续了周初诸圣王以道德来解决政治问题的思想观念，并在此基础上有所创新。具体来说，主要表现在以下方面。

首先，孔子试图建构起施政所需的道德体系。从《论语》所载有关伦理道德的孔子语录看，孔子的思考几乎涉及所有的儒家伦理道德思想范畴，尽管还谈不上构建了系统、完整的伦理道德观体系，但已然具备了初步的体系化道德系谱，尤其是结合施政需要的德治理念是相对成体系的。孔子试图用德治重构春秋中后期的政治秩序，既想修正崩坏的礼乐制度，又想借此取消血亲关系在权力分配中的支配作用，因此，他对德治的理解和运用较西周初期还是有所推进的。

其次，孔子试图培养一批能够践行他政治观念的弟子，借这批弟子的影响力，把用道德解决政治问题的主张延续下去。关于这个问题笔者已在前文中有所涉及，尽管孔子的政治理想与弟子们面临的现实抉择之间有较大距离，但是，作为一种思想观念，孔子的这一思想创新与实际行动仍具有一定的历史价值，尤其是在新旧交织的时代，试图以某一社会群体的力量修正业已失序的道德规范，借助君子——这一在知识、道德及社会责任感方面有超群能力的群体，去驾驭权力，进而有效地改造既有的权力体系，实现国家管理与社会控制有效运行，无疑具有很强的现实意义。

最后，孔子还试图把用道德解决政治问题的观念形而上化，为其提

---

① （魏）王弼、（晋）韩康伯注，（唐）孔颖达等正义：《周易正义》，（清）阮元校刻：《十三经注疏》（一），中华书局2009年版，第186页。

供基于天道的合法性，从而开辟了以德义释《周易》的思想路径。有学者认为，孔子传《易》与作《春秋》，相互促成，共同形成了儒学的"天道—性命—道德"三位一统的道德本体学说体系。[①] 事实上，《论语》也可证实这一点，孔子的诸多语录形象生动地表现出他试图建构基于变易之道的道德体系说的努力，而孔子说《易》，则开辟了以义理研究《周易》的新途，亦展示了以孔子为开山的儒家道德形而上学。[②]

《周易·系辞上》云："圣人设卦观象，系辞焉而明吉凶，刚柔相推而生变化。是故吉凶者，失得之象也；悔吝者，忧虞之象也；变化者，进退之象也。"[③] 在以变易之道思考现实政治的初期，用占卜之法判断吉凶祸福可能是最为主要的内容，随着时代的演进，以道德解释人类社会的运行法则，则成为新的易学理论，所谓"生生之谓易，成象之谓乾，效法之谓坤，极数知来之谓占，通变之谓事，阴阳不测之谓神"[④]。这一思想为道德的存在提供了形上学依据，从而突破了传统的道德功利论[⑤]，使用道德解决政治问题的思想观念具有了基于天道的合法性。

"子在川上，曰：'逝者如斯夫！不舍昼夜。'"[⑥] 人类的历史犹如滔滔江水奔流不止，生生不息，交织其中的各种因素复杂地聚合在一起，变易之道的意义在于辩证地看待它们之间的关系，而孔子试图以德义释之，则反映出人类文明植根于人性与道德的实质，因而具有切实悠远的思想价值和现实意义。

---

① 参见姚曼波：《孔子传〈易〉与作〈春秋〉的关系新论》，《周易研究》2006 年第 5 期。
② 参见邓立光：《从帛书〈易传〉析述孔子晚年的学术思想》，《周易研究》2000 年第 3 期。
③ （魏）王弼、（晋）韩康伯注，（唐）孔颖达等正义：《周易正义》，（清）阮元校刻：《十三经注疏》（一），中华书局 2009 年版，第 158 页。
④ 《周易·系辞上》，见（魏）王弼、（晋）韩康伯注，（唐）孔颖达等正义：《周易正义》，（清）阮元校刻：《十三经注疏》（一），中华书局 2009 年版，第 162 页。
⑤ 参见朱翔飞：《孔子与〈易传〉——论儒家形上学体系的建立》，《周易研究》2002 年第 1 期。
⑥ 《论语·子罕》，见程树德撰，程俊英、蒋见元点校：《论语集释》，中华书局 2014 年版，第 788 页。

# 第三节 《论语》所见孔子后学学术思想的分化

本节主要探讨孔子后学学术思想的分化，研探儒学思想多元化的原因、表现及影响等问题。

## 一、原因论析

孔子后学学术思想的分化一直是学术界颇为关注的重要话题。七十子之学为何发生分化，这样的分化主要表现在哪些方面，如何理解这些分化的意义与影响，等等此类的问题，都值得研究讨论。

《韩非子·显学》云："世之显学，儒、墨也。儒之所至，孔丘也。墨之所至，墨翟也。自孔子之死也，有子张之儒，有子思之儒，有颜氏之儒，有孟氏之儒，有漆雕氏之儒，有仲良氏之儒，有孙氏之儒，有乐正氏之儒。……故孔、墨之后，儒分为八，墨离为三，取舍相反不同，而皆自谓真孔墨。"[1] 按韩非子说法，孔子去世后，儒家分为八派，就七十子的学术立派来说，"颜氏之儒"或指颜回的学派，属于孔子第二批弟子的门派，"子思之儒"是孔子之孙孔汲的学派，"子张之儒"是孔子第三批弟子的门派。《论语》中有"曾子有疾，召门人弟子曰"和"子夏之门人问交于子张"的记载，这说明曾子、子夏皆有门派。此外，据《荀子·非十二子》，第三批弟子立派的有子张、子游学派，据《史记·仲尼弟子列传》，"从弟子三百人，设取予去就"的澹台灭明，立有自己的门派，据《吕氏春秋·当染》，子贡也有自己的门派。由此可见，孔子之后，儒家学术思想的分化和学派的设立既非个别现象，也非仅仅是某一类弟子的立派，而是孔子思想出现分化的标志，体现了先秦儒家

---

[1] （清）王先慎撰，钟哲点校：《韩非子集解》，中华书局 1998 年版，第 456—457 页。

思想多元发展的必然趋势。从孔子后学学术思想分化的原因看，涉及孔门弟子的构成、弟子们的学术个性、人生际遇等问题。

首先，孔门弟子的构成本身是导致学术思想分化的原因之一。孔子弟子大致分为三批，孔子至齐国之前招收的早期弟子可称为第一批弟子，回国后招收第二批弟子中追随孔子时间较长者，有颜回、子贡等人。孔子晚年归鲁后又招收了一些年青弟子，他们中的子夏、子张、子游、曾参等皆为青年才俊，皆立有自己的学派，在儒家学术思想史上占据着重要地位。

就第一批弟子来说，他们中有"后进于礼乐"的南宫敬叔等，也有平民出身长期追随孔子的颜路等。如前所述，南宫敬叔是孔子得以在鲁国政坛短暂发挥作用的关键性人物，颜回的父亲颜路则追随孔子多年。这批弟子中的冉耕、闵损等人熟悉孔子的思想，亦服膺于孔子之道，但从相关记载看，没有别立门派的现象。第二批弟子中颜回是个颇为关键的人物，孔子或许想要把他的学术衣钵传给颜回，但从思想气质及精神追求角度看，颜回与孔子之间有着较大分野。子贡以经商闻名于世，对孔子尊崇有加，是孔子身后"树圣"的干将，从《论语》所载子贡言行看，他是位睿智且有独立思考能力的人。第三批弟子因追随孔子的时间较短，无法全面掌握孔子思想，他们各执孔子思想之一端，并试图借此整合孔学，因而形成各自学派的思想特色。有学者认为，孔子早期学生多为孔子思想的实践者，他们很难形成学派，儒家学派的分化可能是在孔子晚年弟子中间发生。[①] 也有学者认为，孔门后学应分为"主内"的曾子学派和"务外"的子夏学派两大派，两大派的分化同孔子思想中"仁""礼"的矛盾有密切的联系。[②] 从孔子后学的构成看，孔子第二批学生立派的可能性极大，孔子后学学术思想也并非仅仅局限于"主内"和"务外"，其学术思想的分化一定程度上是由孔门的学术结构造成的。

① 参见尤骧：《孔门弟子的不同思想倾向和儒家的分化》，《孔子研究》1993 年第 2 期。
② 参见梁涛：《孔子思想中的矛盾与孔门后学的分化》，《西北大学学报》（哲学社会科学版）1999 年第 2 期。

其次，孔子后学的学术性格是导致孔学分化的因素之一。学术的统一性源自学派内学术性质的一致性，与之相反，学术的分化则是学术性格多元化的结果。就孔子后学来说，一些弟子鲜明的学术个性是致使孔学走向分化的主因。

宰我在思想主张上与孔子之道相左，尤其善于抓住孔子在逻辑、实践诸方面存在的问题，对其师发难，以他的思想个性，如有门人弟子，亦可以别立门派。尽管史实并不支持宰我立派，但就是这样的学术个性，使得孔门本身承纳着多元的或者个别化的思想主张，分化之事自然而然地会发生。

就"颜氏之儒"而言，这一学派的开创者颜回以好学力行、安贫乐道著称于世①，大多数学者认为颜回传承了孔子之道的主核思想，甚少注意到其与孔学的区别之处，至于由韩愈首创近代学者章太炎力证的"庄生传颜氏之儒"②，颇能夺人眼目，但这种既无史实支撑又无学理依据的观点，亦无法彰显颜回思想的基本特色。事实上，颜回的学术个性的确是以安贫乐道为其根本宗旨的，这与孔子积极入仕的观念有一定差别，却与庄子之道有异曲同工之处，在《庄子》寓言体系中，颜回以道家面孔示人，是儒家人物道家化的一个典型，侧面反映出颜回学术思想独特的一面。

子路出身"野人"，性格豪放直爽，善于处理政事，是孔门中颇具个性之人。据学者研究，子路追随孔子后，由急躁好胜、不够成熟、到深思慎行、稳重知礼，最终成为符合儒家标准的政治家。③ 从传世材料看，尽管子路没有别立门派，但他与其他弟子之间的思想分野还是存在着的。曾参是孔子第三批弟子之一，服膺于孔子仁爱理念和孝道思想，

---

① 参见陈寒鸣：《颜回与颜氏之儒探析》，《中国社会科学院研究生院学报》1991 年第 3 期。

② 杨海文：《"庄生传颜氏之儒"：章太炎与"庄子即儒家"议题》，《文史哲》2017 年第 2 期。

③ 参见管正平：《子路成长的分期考察》，《陕西师范大学学报》（哲学社会科学版）2012 年第 6 期。

学界一般都把他看作是儒家心性哲学思想的创始人之一，但是，从《礼记》相关记载看，曾参的孝道思想更注重外在形式，与孔子、子思注重庄敬的内在理路有较大区别①，这或许也是学术个性的一种表达，反映出孔门内部学术思想出现分化的状态与这一学派多元化的学术个性之间的内在关联。

最后，孔子后学学术思想发生分化的原因还与孔子弟子的人生际遇有一定关联。

如前所述，颜回虽在学术性格及精神气质上与孔子之道有一定差别，但是，站在孔子立场上，这位勤学好问的弟子长期追随于他，全面了解他的学术思想，是继承他学术衣钵的不二人选，可惜的是，颜回先孔子而死，这是孔门的一大不幸之事。颜回早死使得孔子找不到更为合适的人选来继承他的学术思想，暮年之时，孔子或许已经意识到他去世后，学术思想因没有合适的继承者，面临着分化危险，而这几乎已是无可奈何之事了。从这个角度看，颜回的人生际遇是孔学分化的一大因素。

据《孟子·滕文公上》："昔者孔子没，三年之外，门人治任将归，入揖于子贡，相向而哭，皆失声，然后归。子贡反，筑室于场，独居三年，然后归。他日，子夏、子张、子游以有若似圣人，欲以所事孔子事之。强曾子，曾子曰：'不可，江汉以濯之，秋阳以暴之，皜皜乎不可尚已！'今也南蛮鴂舌之人，非先王之道，子倍子之师而学之，亦异于曾子矣。"有若也是孔子的第三批弟子之一，因为长得像孔子，子夏、子张、子游想立其为宗师，以此"强曾子"，但曾子不同意。另据《史记·仲尼弟子列传》："弟子进问曰：昔夫子当行，使弟子持雨具，已而果雨。弟子问曰：'夫子何以知之？'夫子曰：《诗》不云乎？月离于毕，俾滂沱矣。昨暮月不宿毕乎？'他日，月宿毕，竟不雨。商瞿年长无子，其母为取室。孔子使之齐，瞿母请之。孔子曰：'无忧，瞿年

---

① 李健胜：《子思研究》，陕西师范大学出版社2009年版，第37页。

四十后当有五丈夫子。'已而果然。敢问夫子何以知此？有若默然无以应。弟子起曰：'有子避之，此非子之座也！'"有若的门派内部对于其继承孔子学术衣钵一事亦有分歧，他的人生际遇也颇具戏剧性，因长得像孔子差点立为宗师，但因学术能力和人格魅力不足以支撑这样的学术使命，最终未能成为统合孔子后学的主干力量。

## 二、具体表现

从《论语》所载相关语录看，孔门学术思想的分化既有弟子间的思想分野问题，也有彼此的责难，二者都可体现学术思想分化的具体表现。

首先，孔子弟子之间的学术思想之分野，几乎贯穿于整本《论语》。就子贡来说，孔子曾拿他和颜回做比较，问子贡："女与回也孰愈？"子贡回答道："赐也何敢望回？回也闻一以知十，赐也闻一以知二。"孔子说："弗如也，吾与女弗如也。"[1]孔子认为颜回和子贡的学问相差较大，子贡不如颜回。子贡问孔子："赐也何如？"孔子说："女器也。"颜回又问："何器也？"孔子说："瑚琏也。"[2]结合"君子不器"之说，孔子对子贡的评价显然不太高，这或许与子贡的平常表现有关，子贡诽谤他人，孔子批评他说："赐也贤乎哉？夫我则不暇。"[3]子贡认为管仲不仁，孔子说："管仲相桓公，霸诸侯，一匡天下，民到于今受其赐。微管仲，吾其被发左衽矣。岂若匹夫匹妇之为谅也，自经于沟渎而莫

---

① 《论语·公冶长》，见树德撰，程俊英、蒋见元点校：《论语集释》，中华书局 2014 年版，第 396—397 页。

② 《论语·公冶长》，见树德撰，程俊英、蒋见元点校：《论语集释》，中华书局 2014 年版，第 377 页。

③ 《论语·宪问》，见程树德撰，程俊英、蒋见元点校：《论语集释》，中华书局 2014 年版，第 1304 页。

之知也？"①在孔子眼里，子贡学术能力跟不上颜回，待人接物方面有欠缺，对历史人物的认知也不甚妥当，但就这样一个人，却能富可敌国，这让孔子不禁感叹："回也其庶乎，屡空。赐不受命，而货殖焉，亿则屡中。"②其实，孔子对子贡的认识也未必全面，就《论语》所载子贡的一些言行看，其学术思想颇多可称道之处，他说："纣之不善，不如是之甚也。是以君子恶居下流，天下之恶皆归焉。"③"君子之过也，如日月之食焉：过也，人皆见之；更也，人皆抑之。"④他对商纣的评价，可谓独具慧眼。在维护孔子问题上，子贡的态度十分鲜明，叔孙武叔毁谤孔子，子贡坚决予以回击，针对"子贡贤于仲尼"一说，回应道："譬之宫墙，赐之墙也及肩，窥见室家之好。夫子之墙数仞，不得其门而入，不见宗庙之美，百官之富。得其门者或寡矣。夫子之云，不亦宜乎！"⑤针对陈子禽"子为恭也，仲尼岂贤于子乎"的疑问，他说："君子一言以为知，一言以为不知，言不可不慎也。夫子之不可及也，犹天之不可阶而升也。夫子之得邦家者，所谓立之斯立，道之斯行，绥之斯来，动之斯和。其生也荣，其死也哀，如之何其可及也？"⑥这和子路面对荷蓧丈人"四体不勤，五谷不分，孰为夫子"的指责却"拱而立"⑦的表现显然大有不同。

子路与其他弟子之间的思想分野也较为明显。史称"子路性鄙，好

① 《论语·宪问》，见程树德撰，程俊英、蒋见元点校：《论语集释》，中华书局 2014 年版，第 1267—1279 页。
② 《论语·先进》，见程树德撰，程俊英、蒋见元点校：《论语集释》，中华书局 2014 年版，第 1006 页。
③ 《论语·子张》，见程树德撰，程俊英、蒋见元点校：《论语集释》，中华书局 2014 年版，第 1715 页。
④ 《论语·子张》，见程树德撰，程俊英、蒋见元点校：《论语集释》，中华书局 2014 年版，第 1717 页。
⑤ 《论语·子张》，见程树德撰，程俊英、蒋见元点校：《论语集释》，中华书局 2014 年版，第 1723 页。
⑥ 《论语·子张》，见程树德撰，程俊英、蒋见元点校：《论语集释》，中华书局 2014 年版，第 1728 页。
⑦ 《论语·阳货》，见程树德撰，程俊英、蒋见元点校：《论语集释》，中华书局 2014 年版，第 1638—1642 页。

勇力，志伉直，冠雄鸡，佩豭豚，陵暴孔子。孔子设礼稍诱子路，子路后儒服委质，因门人请为弟子。"① 起初，子路的文化修养与孔门其他弟子之间的差距较大，子曰："由之瑟奚为于丘之门？"门人因此不敬子路，孔子回护子路，"由也升堂矣，未入于室也"②。子路因琴瑟技艺较差受到门人贬视，表面上是件生活中发生的小事，但结合其他语录可知，这是子路个性及学术素养与其他弟子之间有差异的体现。孔子因长期不能入仕，曾发牢骚："道不行，乘桴浮于海。从我者，其由与？"子路闻之甚喜，孔子叹道："由也好勇过我，无所取材。"③ 子路以好勇著称，表面上这是个人性格所致，实质上仍与学术素养有关。

《论语·先进》篇记载了件有趣的事：

> 子路问："闻斯行诸？"子曰："有父兄在，如之何其闻斯行之？"冉有问："闻斯行诸？"子曰："闻斯行之。"公西华曰："由也问闻斯行诸，子曰：'有父兄在'；求也问闻斯行诸，子曰：'闻斯行之'。赤也惑，敢问。"子曰："求也退，故进之。由也兼人，故退之。"④

在"闻斯行诸"的问题上，孔子给子路和冉有的建议不同，这令公西华疑惑，孔子以这两位弟子不同性格释之，但结合子路在其他方面的表现可知，"行行如也"⑤ 的子路在学术性格上始终保持着刚强的一面，这和儒家"文"的价值观显得格格不入。

---

① 《史记》卷六十七《仲尼弟子列传》，中华书局 1959 年点校本，第 2191 页。
② 《论语·先进》，见程树德撰，程俊英、蒋见元点校：《论语集释》，中华书局 2014 年版，第 995—996 页。
③ 《论语·公冶长》，见程树德撰，程俊英、蒋见元点校：《论语集释》，中华书局 2014 年版，第 386 页。
④ 《论语·先进》，见程树德撰，程俊英、蒋见元点校：《论语集释》，中华书局 2014 年版，第 1016 页。
⑤ 《论语·先进》，见程树德撰，程俊英、蒋见元点校：《论语集释》，中华书局 2014 年版，第 986 页。

　　除对"三年之丧"提出质疑外，宰我还对孔子仁爱思想发起挑战，他问孔子："仁者，虽告之曰：'井有仁焉。'其从之也？"孔子回答说："何为其然也？君子可逝也，不可陷也；可欺也，不可罔也。"[①]孔子认为仁者有垂范作用，宰我却认为仁者如果置人于危险之境就没有必要遵从之，这与颜回、子张"问仁"于孔子，曾参以"忠恕"解孔子之"仁"的行为或思想主张相去甚远。

　　学术思想上的分野是孔子后学分门立派的因素之一，尽管这种分歧不一定意味着分门立派之事必定会发生，但据此认为孔门的学术分化在孔子生前就已然存在，应当是相当合情合理的。

　　其次，从《论语》所见孔子第三批弟子间的责难看，学术思想上的分歧引起学派之争，也是孔子后学出现分化的具体表现。

　　子游、曾参对子张的评价，多含有学术批评的味道。子游说："吾友张也为难能也，然而未仁。"[②]在子游看来，子张做得已经够好了，但是称不上仁人。曾参说："堂堂乎张也，难与并为仁矣。"[③]在曾参看来，子张一副高不可攀的架势，很难与他人一起获得仁爱理念。子夏的门人向子张请教交友之道，子张问："子夏云何？"子夏门人回答说："子夏曰：'可者与之，其不可者拒之。'"子张回应道："异乎吾所闻。君子尊贤而容众，嘉善而矜不能。我之大贤与，于人何所不容？我之不贤与，人将拒我，如之何其拒人也？"[④]从中可以看出，子张的思想气象颇为壮大，他不拘泥于"无友不如己"的师教，有着与天下兼相爱的思想倾向。《论语·先进》云："柴也愚，参也鲁，师也辟，由也喭。"子张名

---

① 《论语·雍也》，见程树德撰，程俊英、蒋见元点校：《论语集释》，中华书局2014年版，第535页。

② 《论语·子张》，见程树德撰，程俊英、蒋见元点校：《论语集释》，中华书局2014年版，第1708页。

③ 《论语·子张》，见程树德撰，程俊英、蒋见元点校：《论语集释》，中华书局2014年版，第1709页。

④ 《论语·子张》，见程树德撰，程俊英、蒋见元点校：《论语集释》，中华书局2014年版，第1677页。

叫颛孙师，"辟"指其性格偏激。可能和子路一样，子张也是位在学术性格上与孔学不甚契合者，其学派在继承孔学基础上有所偏离，被学界视为儒墨相通的最早疏导者[①]，他的为人与学问不被孔子同一期弟子认同似乎也是情理之中的事。

如果说上述孔子弟子言论仅为学术见解上的分歧的话，那么子游和子夏之间的这段交锋有学术攻伐的味道：

> 子游曰："子夏之门人小子，当洒扫应对进退，则可矣，抑末也。本之则无，如之何？"子夏闻之，曰："噫！言游过矣！君子之道，孰先传焉？孰后倦焉？譬诸草木，区以别矣。君子之道，焉可诬也？有始有卒者，其惟圣人乎！"[②]

在子游看来，子夏的门人只能做些洒扫应对之事，没有学术基础，做不了大事。子夏听说后认为子游言过其实，学术有各种各类，要按次序去传授。子游和子夏各有专长，对孔子之道的理解也各不相同，各自立派后发生思想分歧也是正常之事。

总之，"子夏、子游、子张，皆有圣人之一体；冉牛、闵子、颜渊，则具体而微"[③]，孔子思想的多元性及学术思想本身具有的自我性，以及孔子后学的构成、弟子的人生际遇等都是导致孔学分化的因素，细究这些因素，似乎给我们这样一种印象：孔学的分化是在所难免的。

---

① 丁原明：《子张之儒对原始儒学的继承与偏离》，《中国哲学史》1994年第6期。
② 《论语·子张》，见程树德撰，程俊英、蒋见元点校：《论语集释》，中华书局2014年版，第1697—1699页。
③ 《孟子·公孙丑上》，见（清）焦循撰，沈文倬点校：《孟子正义》，中华书局1987年版，第214页。

# 三、意义与影响

司马迁云："自孔子卒后，七十子之徒散游诸侯，大者为师傅卿相，小者友教士大夫，或隐而不见。故子路居卫，子张居陈，澹台子羽居楚，子夏居西河，子贡终于齐。如田子方、段干木、吴起、禽滑釐之属，皆受业于子夏之伦，为王者师。"[①] 从人事角度，孔学的分化像一场"树倒猴孙散"的悲剧，从学术角度，"为王者师"的吴起等人，虽受业于儒者，但学术宗旨与孔学相去甚远。总之，孔学的分化似乎皆为负面的结局。然而，如果从孔学发展的历史过程，结合儒学学术史的相关信息，去评价孔子后学分化之事，应当能看出这一分化本身具有的学术意义和时代价值。

孔子后学学术思想的分化说明孔子思想具有多元发展的态势。学术界一般都认为孔子思想具有多元性，后世儒家讨论的主要思想议题皆由孔子而出，因此，就儒家学派本身的起源与发展而言，孔子的确是它的创始者。孔子思想的多元性首先是孔学的一大特征，研究孔子思想也多从了解这种多元性及其时代意义着手。同时，也须看到，孔子思想的多元性一定程度上意味着孔子思想延播的途径与方式的多元性，换言之，孔子后学学术思想的分化是孔子思想多元发展的一个印证。

进而言之，孔子后学学术思想的分化及各个弟子的思想创造丰富了儒家学术思想的内涵，使得这一学派的学术思想既具有现实政治的关怀，有着丰富的伦理道德思想建构，也有关于天人关系等涉及宇宙本体论的思想议题，同时也在一定程度上意味着孔子思想开始走向大众，尤其是其仁爱思想开始了漫长且被遮蔽的下沉、降格之路。孔子思想的多元性并不意味着孔子已然在儒家哲学思想体系所涉及的各类问题上进行了彻底、深入的学术思考，事实上，诸多学术思想问题均是以未展开的

---

① 《史记》卷一二一《儒林列传》，中华书局1959年点校本，第3116页。

形式孕育在孔子思想当中 ①，如果不经孔子后学的进一步思考，这些思想可能会一直停留在初始状态，得不到进一步的延展。从这个角度看，孔子后学学术思想分化的主要意义在于释放了孔子思想的创造力，丰富了孔学的思想内涵。

孔子后学学术思想的分化为儒家思想的发展找到更多路径，也为儒家思想体系的多元和丰富提供了思想动能。孔子之后，儒家学派仍属于私学性质，并无显学地位，但七十子从不同角度对孔子思想的解读，以及他们结合时代需要的一些思考，为儒家思想在未来的发展找到更多路径，其中，子夏之学是这方面的典型。子夏学派并未拘泥于儒家以君子身份控御权力的政治观念，而是引法入礼，强调法治的重要性，尤其是结合新兴贵族集团的政治诉求，引入法家的霸道，扩充了儒家政治观的内在思想张力。子思之儒是七十子之学的一个典型，他们把当时的五行观念引入儒学，并以此来包装儒家伦理观念，使其获得圆融的方法论支撑，进而把孔子思想引向形而上的层面，使五行思想成为儒家哲学思想得以进一步完善的思想动能。

孔子后学学术思想分化的影响可以从以下两方面去理解。首先，这一分化使得孔子之后儒学甚难定于一尊，为儒学思想的进一步多元发展提供了可能。如前所述，孔学本身就具有多元性，孔子后学学术思想的分化也是这一多元性得以进一步延展的一个条件，而孔子后学难以定于一尊的事实，则为儒家学术思想的延展提供了可能。具体来说，立有若为宗师一事失败后，流散于诸国的七十子之徒，或不再以立宗师为务，或专事于独立发展，他们中的一些人专注于内在德性修养，一些则通过引法入礼，试图从外在规范与内在德性的配合处找到君子控御权力的具体路径，也有一些儒者遵从安贫乐者的师门之法，愈加远离孔学的主旨。总之，孔子后学学术思想的分化本身具有的影响在于：它始终确保了儒家思想的多元发展，并由此证明了思想主张上的多元性本身是这一

---

① 参见刘家和：《先秦儒家仁礼学说新探》，《孔子研究》1990 年第 1 期。

学派的一大特色。

其次，孔子后学学术思想的分化提升了儒学的学术竞争能力。儒家学派的私学性质，学术主张与时代的背离性等因素使得儒家学说在诸子勃兴的时代没有迅速成为显学，而孔子后学学术思想的分化为儒学取得主流学术地位提供了条件。从儒学内部来讲，各个学派都继承了孔子开设私学的传统，注重学术思想的师徒相承，不断壮大着儒家学术思想的传承队伍。从与其他学派的关系看，一些儒家学派，如子夏之儒、荀子学派等注重吸收其他诸子的学术思想，扩展儒学与诸子学的思想共域，借此扩大学术思想的社会影响力，使得儒学的学术竞争能力得以提升。

总之，虽然孔子学术思想无法被某一门人完整地继承是件无可奈何之事，但是，孔子后学学术思想的分化并非是件令人沮丧之事，事实上，正是因为这样的分化，既使孔学本身得以延展、丰富，又为儒家哲学思想体系的发展提供了动能，可谓一举两得。孔子后学学术思想的分化对于儒家思想的多元发展，以及儒学学术竞争能力的提升等有着一定积极影响。

# 第五章 《论语》所见春秋中后期的社会生活

## 第一节 《论语》所见孔子的日常生活

梁漱溟先生曾说："在孔子主要的，只有他老老实实的生活，没有别的学问。说他的学问是知识、技能、艺术或其他，都不对。因为他没想发明许多理论供给人听，比较可以说的是哲学，但哲学也仅是他生活中的副产物。所以本着哲学的意思去讲孔子，准讲不到孔子的真面目上去。因为他的道理是在他的生活上。不了解他的生活，怎能了解他的道理。"[①] 钱穆先生也曾说："凡研究一伟大之人物者，最先首当注意其一生之行实，次及其人之性情，以至于日常之琐事；凡以考察其为人真精神之所在，而使其全人格之真相，活现于我之脑际，自明晰而感亲昵，自亲昵而生了解，然后乃研究其思想学说之大体，乃为得之……"[②] 可见研究孔子社会生活是考察其"真精神"的一个必要途径。本节从《论语》等所见孔子的衣食住行、交友生活两个方面，分析孔子的日常生活，并借此探究春秋中后期儒生社会生活的一些特点。

---

① 李渊庭、阎秉华整理：《梁漱溟先生讲孔孟》，广西师范大学出版社 2003 年版，第 15 页。

② 钱穆：《论语要略》，见魏子云主编：《钱穆先生全集·四书释义》，九州出版社 2011 年版，第 17—18 页。

# 一、孔子的衣食住行

孔子为商代王族之后，至其六代祖孔父嘉时，蒙难于宋国，孔防叔仕鲁，其先世由公卿降为士族。叔梁纥为邹邑大夫，尚有士的名号，但孔子大概三岁左右，叔梁纥去世，年幼失怙的孔子跟随母亲颜氏及其舅家生活。颜氏乃鲁国贫民家庭，这一点有《论语》所反映孔子颜氏学生生活的一些状况为证。幼年家贫，孔子的衣食住行恐怕也只是贫民水准。少长，孔子做过"委吏""乘田"，他自己说："吾少也贱，故多能鄙事。"[①]《孟子·万章下》云："孔子尝为委吏矣，曰'会计当而已矣'。尝为乘田矣，曰'牛羊茁壮长而已矣'。"[②]大概是行束脩之教后，其生活状况才有了大的改变，大概在 50 岁左右，应当已经过上了较优越的生活。孔子周游列国时，曾"畏于匡"[③]，"在陈绝粮"[④]，旅途颇多困厄，有时甚至不能保障基本生活。晚年回鲁后，生活尚能安定。总之，衣食住行所反映出的孔子社会生活状况，有一个明显的前后变化，总体上，他的生活状况随年长得以改善，且这种改善与孔子在乱世中谋求良好生活的努力是分不开的。

## （一）衣

大约在孔子仕鲁前后，孔子过着稳定、富足的生活，衣饰方面，能够按照礼制仪轨安排日常生活，《论语·乡党》云："君子不以绀緅饰。红紫不以为亵服。当暑，袗絺绤，必表而出之。缁衣，羔裘；素衣，麑裘；黄衣，狐裘。亵裘长，短右袂。必有寝衣，长一身有半。狐貉之厚

---

① 《论语·子罕》，见程树德撰，程俊英、蒋见元点校：《论语集释》，中华书局 2014 年版，第 752 页。

② （清）焦循撰，沈文倬点校：《孟子正义》，中华书局 1987 年版，第 709 页。

③ 《论语·先进》，见程树德撰，程俊英、蒋见元点校：《论语集释》，中华书局 2014 年版，第 1018 页。

④ 《论语·卫灵公》，见程树德撰，程俊英、蒋见元点校：《论语集释》，中华书局 2014 年版，第 1353 页。

以居。去丧，无所不佩。非帷裳，必杀之。羔裘玄冠不以吊。吉月，必朝服而朝。"①衣服的材质、颜色不追求奢华、艳丽，但起居、外出、上朝有不同的衣饰，特殊时期，如丧礼或上朝，必有专门的衣饰。这反映出在服饰方面，孔子为象征人格而讲究服饰仪表的美化，也强调让服饰服从而不是支配或破坏人格的构建。②以衣饰体现君子人格、礼仪规范及生活情趣，也为孔子提供了实践贵族生活的机会，可谓一举数得。

在服饰的礼仪象征方面，孔子十分注重丧葬之服，不仅亲身践行，还对身穿丧服者施以特别礼仪，"子见齐衰者、冕衣裳者与瞽者，见之，虽少，必作；过之，必趋。"③孔子见了穿丧服的人，即使年少，也要站起来行礼，以示对其的宽慰和对死者的尊重。孔子力倡的三年之丧，也往往以服饰来表达对至亲的追思，他的学生宰我认为，"三年之丧，期已久矣。君子三年不为礼，礼必坏；三年不为乐，乐必崩。旧谷既没，新谷既升，钻燧改火，期可已矣。"孔子回应道："食夫稻，衣夫锦，于女安乎？"④孔子认为，服丧期间，如若"衣夫锦"，则心不能安，三年之丧在社会生活中的意义在于表达慎终追远的为孝之道，而不着华服锦衣则是尊重并服从孝道的体现。⑤可见，孔子把日常生活中的衣饰赋予了伦理内涵，从而使具体的社会生活成为礼仪规范的表现载体。

孔子注重礼服在政治领域的象征意义，上朝时必着朝服，《论语·乡党》载，"疾，君视之，东首，加朝服，拖绅。"⑥生病居家时，

① 《论语·乡党》，见程树德撰，程俊英、蒋见元点校：《论语集释》，中华书局 2014 年版，第 858—877 页。
② 参见张志春：《中国服饰文化》（第 2 版），中国纺织出版社 2009 年版，第 135 页。
③ 《论语·子罕》，见程树德撰，程俊英、蒋见元点校：《论语集释》，中华书局 2014 年版，第 762 页。
④ 《论语·阳货》，见程树德撰，程俊英、蒋见元点校：《论语集释》，中华书局 2014 年版，第 1586—1592 页。
⑤ 参见李玉洁：《中国古代丧服制度的产生、发展和定型》，《河南大学学报》（哲学社会科学版）1989 年第 4 期。
⑥ 《论语·乡党》，见程树德撰，程俊英、蒋见元点校：《论语集释》，中华书局 2014 年版，第 928 页。

如有君上探视，也要披上朝服，以示尊敬。"乡人傩，朝服而立于阼阶。"①意思是说，乡党迎神驱鬼，孔子要穿上朝服站在东边的台阶上，以此表示敬畏。在上述场合中，孔子也把服饰当作某种礼仪的象征，给人以过于强调繁文缛节之感，据说，晏婴因此批评孔子："孔子盛容饰，繁登降之礼，趋详之节，累世不能殚其学，当年不能究其礼。"②不过，儒家似乎乐此不疲，楚汉之争时，"沛公不好儒，诸客冠儒冠来者，沛公辄解其冠，溲溺其中"③。这种侮辱之行亦然不能断绝儒家试图"启蒙"这位草莽政治家的决心，尽管儒家思想"在刘邦的全部政治意识与政治行为中所能发生真实的影响，当然比重是很轻的"④。

孔子曾说："衣敝缊袍，与衣狐貉者立，而不耻者，其由也与？'不忮不求，何用不臧？'"子路听闻，老是念叨这条诗，孔子感叹道："是道也，何足以臧？"⑤现实生活中，"衣敝缊袍"者往往羞于与"衣狐貉者"并肩，而"衣狐貉者"则耻于与"衣敝缊袍"者为伍，在这些情形中，服饰是一个人社会地位、经济状况的直接体现，能够以穷苦之身与富者并立而不觉惭愧，也算是达到了一种境界，正如钱穆先生所说："衣食则属一人之私，其人不能忘情于一己衣食之美恶，岂能为天下后世作大公之计而努力以赴之？此等人，心不干净，留有许多龌龊渣滓。纵有志，亦是虚志。道不虚行，故未足与议。"⑥不过，礼乐文化的价值最终还是要落实到具体的生活，从内心深处接受现实生活情状，恐怕才是君子人格的完美体现。

① 《论语·乡党》，见程树德撰，程俊英、蒋见元点校：《论语集释》，中华书局2014年版，第910页。
② 《史记》卷四七《孔子世家》，中华书局1959年点校本，第1911页。
③ 《史记》卷九七《郦生陆贾列传》，中华书局1959年点校本，第2692页。
④ 徐复观：《两汉思想史》（第2卷），华东师范大学出版社2001年版，第65页。
⑤ 《论语·子罕》，见程树德撰，程俊英、蒋见元点校：《论语集释》，中华书局2014年版，第800—803页。
⑥ 钱穆：《论语新解》，生活·读书·新知三联书店2002年版，第68页。

### （二）食

据说，孔子长子出生后，鲁昭公派人送来鲤鱼，孔子以为荣，名其为鲤。普通的饮食材料一旦与现实生活中的社会关系、礼仪规范产生联系，那么，在儒家的思想世界里，他们不再是一般意义上的饮食生活，而是一种礼仪规范，以及由此形成的某种准宗教的心理情感状态。①

在现实情况允许的前提下，孔子的饮食生活颇具有贵族文化气息，讲究精致、节制，甚或有高于饮食需要的审美追求。《论语·乡党》云："食不厌精，脍不厌细。食饐而餲，鱼馁而肉败，不食。色恶，不食。臭恶，不食。失饪，不食。不时，不食。割不正，不食。不得其酱，不食。肉虽多，不使胜食气。惟酒无量，不及乱。沽酒市脯不食。不撤姜食，不多食。"②精心选择的食材，细致的刀工，才能烹出真正的美味；那些颜色难看，气味不对，烹调或砍割不当，甚至买来的酒和食物，都不食用；食肉不能超过主食，酒虽不限量，但不能喝醉。等等此类的饮食规范，应当都属于贵族饮食文化的范畴，包含其中的养生思想亦是贵族高尚生活的一种体现，"食不语，寝不言"③的贵族生活习惯，以及上述对食材、烹饪等的要求，是一般平民家庭无法做到的，或许也是平民无法适应的。从中亦可看出，孔子遵循着贵族社会普遍认可的养生观念，并以此来安排他的日常饮食。孔子讲究饮食的洁净，也主张节制饮食，这样的养生观念在后世出土文献中有所印证，出土于今湖北荆州的张家山汉墓竹简《引书》记载，"人之所以得病者，必于暑湿风寒雨露，奏（腠）理启阖，食歓（饮）不和，起居不能与寒暑相瘳（应），故得

---

① 参见李泽厚：《论语今读》，江苏文艺出版社 2010 年版，第 161 页。

② 《论语·乡党》，见程树德撰，程俊英、蒋见元点校：《论语集释》，中华书局 2014 年版，第 889—899 页。

③ 《论语·乡党》，程树德撰，程俊英、蒋见元点校：《论语集释》，中华书局 2014 年版，第 902 页。

病焉。"① 认为四季更替之时，"乱气相薄遝"②，而人就处于这四季之中，故而得病。正因如此，要按四季时序安排生活，比如，春天早起后，"游堂下，逆露（露）之清，受天之精，歙（饮）水一桮（杯），所以益雠（寿）也。"③ 正所谓"春产、夏长、秋收、冬臧（藏），此彭祖之道也"④。

儒家的参政意识使其避免不了与政治上层接触，这当然也包括饮食方面的交往。《论语·乡党》云："君赐食，必正席先尝之。君赐腥，必熟而荐之。君赐生，必畜之。侍食于君，君祭，先饭。"⑤ 在孔子看来，国君赐食是一种荣耀，如果赐的是熟食，孔子一定会摆正坐姿尝一尝，如果是生食，则一定要煮熟并先祭供祖宗，如果赐的是活物，则先要养起来。当饮食活动成为一种权力关系时，儒生的社会生活便处处透露着权力的意志或对权力的遵从意识，一些日常的行为亦为权力所塑造或规范，这不能不说是儒家文化的一大特色，甚至可以说是国家权力塑造社会的一个典型。

和服饰一样，孔子的饮食生活往往与传统礼仪纠合在一起，在特定的场合中，饮食的礼仪色彩甚为浓厚。比如，"乡人饮酒，杖者出，斯出矣"⑥。乡饮酒礼是敬老活动，等"杖者"先出去后，孔子再出，以显示尊老。参与丧礼或与有丧事者共食，孔子以节制饮食表达致哀之礼，

---

① 《张家山汉简·引书》，见张家山二四七号汉墓竹简整理小组编著：《张家山汉墓竹简（二四七号墓）》（释文修订本），文物出版社2006年版，第185页。
② 《张家山汉简·引书》，见张家山二四七号汉墓竹简整理小组编著：《张家山汉墓竹简（二四七号墓）》（释文修订本），文物出版社2006年版，第185页。
③ 《张家山汉简·引书》，见张家山二四七号汉墓竹简整理小组编著：《张家山汉墓竹简（二四七号墓）》（释文修订本），文物出版社2006年版，第171页。
④ 《张家山汉简·引书》，见张家山二四七号汉墓竹简整理小组编著：《张家山汉墓竹简（二四七号墓）》（释文修订本），文物出版社2006年版，第171页。
⑤ 《论语·乡党》，见程树德撰，程俊英、蒋见元点校：《论语集释》，中华书局2014年版，第923—924页。
⑥ 《论语·乡党》，见程树德撰，程俊英、蒋见元点校：《论语集释》，中华书局2014年版，第908页。

"子食于有丧者之侧，未尝饱也。"[1] 意思是说，孔子与亲属过世的人一起吃饭，不曾吃饱过。祭祀活动也往往与饮食有关，"祭于公，不宿肉。祭肉不出三日。出三日，不食之矣。"[2] 意思是说，孔子参加国家祭祀典礼，分得的肉不会留到第二天，别的祭肉则不会超过三天。"虽疏食菜羹，必祭，必齐如也。"[3] 即便是吃粗茶淡饭，也得先祭一祭，且一定要很恭敬。有学者认为，在儒家的生活理念中，食物是达成饮食美的一个道具，既可以通过"美食"彰显饮食美，也可以通过"劣食"焕发饮食美，最美的饮食之道必然是与当下具体境况贯通和谐的一种愉悦。[4] 但从上述仪轨化的饮食之礼看，孔子的饮食生活中，礼仪的因素应当先于饮食之美，通过饮食获得的愉悦，首先是完成礼仪之后的心理状态，而非具体饮食活动带来的乐趣，而这反映出儒家社会生活的一些主要特点。

孔子曾说："君子食无求饱，居无求安，敏于事而慎于言，就有道而正焉，可谓好学也已。"[5] 他还说："饭疏食饮水，曲肱而枕之，乐亦在其中矣。不义而富且贵，于我如浮云。"[6] 孔子心目中的君子应当以追求完美人格、践行德政为人生目标，为此，不惜抑制口舌之欲，在陈国"绝粮"后，子路质问孔子："君子亦有穷乎？"他回答道："君子固穷，小人穷斯滥矣。"[7] 孔子主张君子践行"贫而无怨""贫而乐道"的生活方

---

① 《论语·述而》，见程树德撰，程俊英、蒋见元点校：《论语集释》，中华书局 2014 年版，第 579 页。

② 《论语·乡党》，见程树德撰，程俊英、蒋见元点校：《论语集释》，中华书局 2014 年版，第 901 页。

③ 《论语·乡党》，见程树德撰，程俊英、蒋见元点校：《论语集释》，中华书局 2014 年版，第 903 页。

④ 参见黄伟龙：《〈论语〉中生活美的指向》，《江南大学学报》（人文社会科学版）2016 年第 2 期。

⑤ 《论语·学而》，见程树德撰，程俊英、蒋见元点校：《论语集释》，中华书局 2014 年版，第 67 页。

⑥ 《论语·述而》，见程树德撰，程俊英、蒋见元点校：《论语集释》，中华书局 2014 年版，第 600 页。

⑦ 《论语·卫灵公》，见程树德撰，程俊英、蒋见元点校：《论语集释》，中华书局 2014 年版，第 1353 页。

式，但这并不意味着孔子不主张君子过上富足的生活①，前述内容足以说明这一点，他只是强调在具体的生活境遇中，不能屈服于口舌之欲，主张君子"谋道不谋食"②，生于乱离之世的孔子是这种生活意志的最佳"代言人"，生动地展现出他在人生理想面前矢志不渝的追索精神。③

## （三）住

《论语》中反映孔子居住情况的材料甚少，但个别语录能够体现他对居住环境、居住地选择等的一些看法。

孔子说："里仁为美。择不处仁，焉得知？"④意思是说选择居住地，要看有没有好邻居，得和仁人住在一起，才算明智。孔子的择邻观并非是偶尔为之的一种言论，应当和当时的社会状况有一定关联。夏、商、西周时期，人们普遍聚族而居，即一个大家族居住在一起，《诗·小雅·斯干》云："秩秩斯干，幽幽南山。如竹苞矣，如松茂矣。兄及弟矣，式相好矣，无相犹矣。似续妣祖，筑室百堵，西南其户。爰居爰处，爰笑爰语。"家族共居一处，兄弟团结友爱，一派和乐气象。在这样的时代里，不存在择别邻居的问题。到了春秋时期，血缘氏族因战乱、生产力发展等因素离乱、散居，特别是在城市当中，异姓杂处已成为较普遍的现象，因族属、职业等不同，邻居之间可能会产生各种矛盾，一些邻居的言行恐怕对孩童的教育及日常生活的安稳也产生不良影响，因此，择邻而居，以求和谐、畅快的生活环境，成为当时人们选择居住环境的一个重要考量。流传甚广的"孟母三迁"和孔子的择邻观颇

---

① 参见马秋丽：《〈论语〉中的休闲理论初探》，《山东大学学报》（哲学社会科学版）2006年第5期。

② 《论语·卫灵公》，见程树德撰，程俊英、蒋见元点校：《论语集释》，中华书局2014年版，第1441页。

③ 参见李振宏：《圣人箴言录——〈论语〉与中国文化》，河南大学出版社1995年版，第11—12页。

④ 《论语·里仁》，见程树德撰，程俊英、蒋见元点校：《论语集释》，中华书局2014年版，第293页。

多类似，而择邻本身亦与"近墨者黑，近朱者赤"的观念意识有一定关联。日常生活中，孔子颇注重居住生活的质量，亦有追求居住美的意识，"子之燕居，申申如也，夭夭如也"①。在家闲居的孔子，过着整洁、和乐的生活，见客则"席不正，不坐"②，席位不正就是不符礼法，说明居住行为亦要符合仪轨。"寝不尸，居不客。"③孔子睡觉的姿势，平日的坐姿等，都以贵族之礼约束自己，进一步说明在日常生活中，孔子的居住行为以符合贵族礼节为标准。事实上，有条件、有能力择邻而居且讲究居住之美者应当是社会精英，经济条件也必当不差，如若孔子所言即为其日常行为之实，说明孔子在生活上有着诸多自由，可按己意择邻，且能过上优质的居住生活了。

选择何处为生，是人生一大事。孔子一直想在鲁国入仕，因阳货干扰，未达成心愿，从齐国回来后，就一直行束脩之教。长达十多年的教学生涯中，孔子一直在等待入仕的机会，期间，心愿无法达成，不免有些抱怨情绪。据说，孔子曾要居于"九夷"，别人说："陋，如之何？"他回应道："君子居之，何陋之有？"④如笔者在第一章中分析的那样，这仅仅是孔子发泄情绪之语，应当不是孔子真实意图。不过，从中可以看出，孔子并不贬视异族所居"九夷"之地，已然有诸族等同的观念萌芽，此外，这条语录亦可说明为达成其一生志向，孔子可以选择离开母国，在异地寻求入仕机会。阳货出奔后，孔子获得了短暂的入仕机会，后来不得不离开鲁国，游历各国，找寻出路，所去之地虽非"九夷"，但实现抱负的意志显然先于对居住地的选择，这也充分展现了孔子的居

---

① 《论语·述而》，见程树德撰，程俊英、蒋见元点校：《论语集释》，中华书局 2014 年版，第 568 页。
② 《论语·乡党》，见程树德撰，程俊英、蒋见元点校：《论语集释》，中华书局 2014 年版，第 906 页。
③ 《论语·乡党》，见程树德撰，程俊英、蒋见元点校：《论语集释》，中华书局 2014 年版，第 933 页。
④ 《论语·子罕》，见程树德撰，程俊英、蒋见元点校：《论语集释》，中华书局 2014 年版，第 780—782 页。

住观。

## （四）行

在古代，人们出行的方式，无外乎用脚力或借助畜力，脚力多用于短途，而车载出行则用于远行。从出行主体看，行脚力者多为平头百姓，能驾车出行者，多为社会上层人士。在贵族社会生活中，坐车出行是身份的象征，出行中，亦有一些相应的仪轨。大概开私学授徒以来，孔子可能多乘车出行，颜渊死后，其父颜路请求孔子把车子让出来，给颜渊做椁。孔子说："才不才，亦各言其子也。鲤也死，有棺而无椁。吾不徒行以为之椁。以吾从大夫之后，不可徒行也。"[①]"不可徒行"的直接原因当然与孔子高寿不能靠脚力外出有关，但是，"从大夫之后"而不能徒步，则出于身份或地位的考量。贵族不能"徒行"多出于身份与地位，战国以来，贵族阶层瓦解，但与之相关的一些社会生活传统仍在延续，秦汉以来的官僚政治体制中，二百石以上之官，有品阶、有印绶，出行还需清街，坐车骑马亦是官员身份的象征。直到今日，一些人以不"徒行"为荣，说明等级理念、官本位意识已然渗入民族血脉。当然，孔子有时也要"徒行"，"君命召，不俟驾行矣"。[②]君上召见，孔子来不及坐车，就立即步行。

坐车时，有一定的仪轨，"升车，必正立，执绥。车中不内顾，不疾言，不亲指"[③]。坐车途中，"凶服者式之。式负版者"[④]。意思是说，如遇到拿着死人衣物的人，或者背负图籍者，孔子都要手伏车前横木，以

---

① 《论语·先进》，见程树德撰，程俊英、蒋见元点校：《论语集释》，中华书局 2014 年版，第 972 页。
② 《论语·乡党》，见程树德撰，程俊英、蒋见元点校：《论语集释》，中华书局 2014 年版，第 930 页。
③ 《论语·乡党》，见程树德撰，程俊英、蒋见元点校：《论语集释》，中华书局 2014 年版，第 939—940 页。
④ 《论语·乡党》，见程树德撰，程俊英、蒋见元点校：《论语集释》，中华书局 2014 年版，第 936 页。

示同情或敬礼。这些礼仪，有些出于行车安全的考虑，更多的则是孔子良好教养的体现。

孔子还说："父母在，不远游，游必有方。"①孔子认为父母在世，应不出远门。这一说法成立的前提在于，限于当时的交通条件，一旦去了远方，不但与家庭隔绝了消息，年事已高的父母若生病或去世，无法及时行孝。从这个角度讲，孔子的看法多有合理之处。人类的社会生活要服从实际的生活情状，出行也不能例外，即使在现代社会，正视生存状态对人们生活本身的约束，并以此来判断行止，也未尝不是一种明智的选择。

孔子向往"莫春者，春服既成，冠者五六人，童子六七人，浴乎沂，风乎舞雩，咏而归"的外出诵读活动②，这是他与子路、曾皙、冉有、公西华一起讨论人生志向时曾皙的言论，听完几位的发言，孔子直陈"吾与点也！"③朱熹对此的解释是："曾点之学，盖有以见夫人欲尽处，天理流行，随处充满，无少欠阙。故其动静之际，从容如此。而其言志，则又不过即其所居之位，乐其日用之常，初无舍己为人之意。而其胸次悠然，直与天地万物上下同流，各得其所之妙，隐然自见于言外。视三子之规规于事为之末者，其气象不侔矣。"④显然，朱子是以天理释孔子日用之常，这恐怕与孔子的本意相去较远，他只不过是想过上贵族惯常的社会生活罢了。当代复兴儒学之士试图在孔子与百姓之间找到一条思想上的融通之路，提出"不论适用于天子、卿大夫或一般人之礼，都是希望能让生活呈现出一些条理和美感"⑤。然而，无论是孔子思想的精英品质，还是他以贵族生活为标榜的生活理念及其社会实践，都

---

① 《论语·里仁》，见程树德撰，程俊英、蒋见元点校：《论语集释》，中华书局2014年版，第353页。

② 陈侃理：《西汉海昏侯刘贺墓出土〈论语〉"曾皙言志"简初释》，《文物》2020年第6期。

③ 《论语·先进》，见程树德撰，程俊英、蒋见元点校：《论语集释》，中华书局2014年版，第1040—1047页。

④ （宋）朱熹：《四书章句集注》，中华书局1983年版，第130页。

⑤ 龚鹏程：《生活的儒学》，浙江大学出版社2009年版，第197页。

与百姓的思想与生活之间有着天然的分野，试图用"生活儒学"弥合之的做法，从立论的前提下已然有误，让生活"呈现出一些条理和美感"，需要驾驭生活的能力和条件，孔子只能短暂地实现它，对于平民而言，无论古今，这是可望不可及的。

# 二、孔子的交友之道与交友生活

孔子的交友之道与交友生活也是孔子社会生活的重要方面，交友之道虽然属于观念范畴，但往往源自生活并对生活直接产生影响，《论语》所见孔子交友生活内容并不多，但也能部分地反映孔子日常生活的一个侧面。

## （一）孔子的交友之道

春秋以来，朋友关系从宗族血缘关系中分离出来，成为社会人际交往关系的重要组成部分。[①] 先秦儒家认为，"独学而无友，则孤陋而寡闻"[②]。所以十分看重朋友关系，不仅将其列入五伦，有时甚至与君臣并称。儒家看重朋友关系，一方面反映出儒家试图建构具有普适性社会观的思想意志，另一方面也反映出儒家试图通过建构自身的友情观来规范人类行为的思想意图。从《论语》所载孔子交友之道看，孔子在这个问题上亦有诸多见解。

孔子的友情观与其成为君子、培养君子的人生追求密不可分，他眼里的真朋友、真友情皆与君子品格息息相关。孔子曾说：

> 益者三友，损者三友。友直，友谅，友多闻，益矣。友便辟，

---

① 参见郑庆田：《孔子的交友之道》，《西南交通大学学报》( 社会科学版 ) 2005 年第 3 期。

② 《礼记·学记》，见（清）孙希旦撰，沈啸寰、王星贤点校：《礼记集解》，中华书局 1989 年版，第 965 页。

友善柔，友便佞，损矣。①

益者三乐，损者三乐。乐节礼乐，乐道人之善，乐多贤友，益矣。乐骄乐，乐佚游，乐宴乐，损矣。②

巧言、令色、足恭，左丘明耻之，丘亦耻之。匿怨而友其人，左丘明耻之，丘亦耻之。③

见贤思齐焉，见不贤而内自省也。④

晏平仲善与人交，久而敬之。⑤

君子周而不比，小人比而不周。⑥

综合上述材料，孔子心目中的好朋友即是贤人，"直""谅""多闻"等素养实际上就是贤人的基本素质，而只有和贤人交往，才能算是交到"益"友。孔子的社会理想是"老者安之，朋友信之，少者怀之"⑦。把能够得到朋友的信任当作人生志向之一，可见，君子看重友情，更看重

---

① 《论语·季氏》，见程树德撰，程俊英、蒋见元点校：《论语集释》，中华书局 2014 年版，第 1480 页。
② 《论语·季氏》，见程树德撰，程俊英、蒋见元点校：《论语集释》，中华书局 2014 年版，第 1483 页。
③ 《论语·公冶》，见程树德撰，程俊英、蒋见元点校：《论语集释》，中华书局 2014 年版，第 449 页。
④ 《论语·里仁》，见程树德撰，程俊英、蒋见元点校：《论语集释》，中华书局 2014 年版，第 348 页。
⑤ 《论语·公冶长》，见程树德撰，程俊英、蒋见元点校：《论语集释》，中华书局 2014 年版，第 422 页。
⑥ 《论语·为政》，见程树德撰，程俊英、蒋见元点校：《论语集释》，中华书局 2014 年版，第 130 页。
⑦ 《论语·公冶长》，见程树德撰，程俊英、蒋见元点校：《论语集释》，中华书局 2014 年版，第 456 页。

朋友之间的信任与承诺。

　　既然孔子主张与贤人为友，那么就有一个如何择友的问题，除了上述关于"益"友、"损"友言论反映出的择友观外，孔子还主张通过观察人的言行来判断是否值得交往，"视其所以，观其所由，察其所安。人焉廋哉？人焉廋哉？"①从一个人为达到目的所采用的方法，去观察此人的品行，显然是一种十分明智的择友之道。孔子还说："择其善者而从之，其不善者而改之。"②即使已为朋友，也要从其身上选取优点而学习，看出的缺点则要改正。孔子曾说："道不同，不相为谋。"③志向或主张不同，自然不能一起商议事情，也自然不能成为朋友，可见，在一些重要的问题上有一致的看法，才能成为朋友。

　　孔子择友观中最为著名的一句话是"无友不如己"④，意思是说，不要和不如自己的人交朋友。这句话从字面上理解是很有道理的，和学识、品德等优于自己的人交往，当然是明智的做法，但是，从思维逻辑上看，如果人人都不和不如自己的人交友，那么，恐怕谁也交不到朋友，鲁迅先生就曾说："孔老先生说过'毋友不如己者'。其实这样的势利眼睛，现在的世界上还多得很。"⑤说孔子是"势利眼"恐怕是责之过甚，孔子言论多有事实依据，日常生活中多交贤于己者，自然有诸多益处，并非皆为功利目的。

　　孔子认为，要与朋友保持某种距离。子贡曾问交友之道，孔子答

---

① 《论语・为政》，见程树德撰，程俊英、蒋见元点校：《论语集释》，中华书局2014年版，第119页。

② 《论语・述而》，见程树德撰，程俊英、蒋见元点校：《论语集释》，中华书局2014年版，第621页。

③ 《论语・卫灵公》，见程树德撰，程俊英、蒋见元点校：《论语集释》，中华书局2014年版，第1451页。

④ 《论语・学而》，见程树德撰，程俊英、蒋见元点校：《论语集释》，中华书局2014年版，第44页。

⑤ 鲁迅：《杂忆》，《莽原》周刊第九期，1925年6月19日，参见《鲁迅先生全集》（第一卷），人民文学出版社1973年版，第209页。

道："忠告而善道之，不可则止，毋自辱焉。"①意思是说，对朋友要忠告他、引导他，如果他不听，就要适可而止，不要自取其辱。引申之，可以理解为朋友之间是有距离的，对他的行为举止只能适当地加以干预，而不能大包大揽。子游曾说："朋友数，斯疏矣。"②意思是说和朋友过于亲密，反而会被疏远，因此，子游主张与朋友保持一定距离。与朋友保持距离，不能过分亲密，似乎是十分通常的交友之道，君子之交也要持此道，说明了人性的某种通约性和交友之道的普适性。

孔子的学生也有相关的一些言论：

曾子曰："吾日三省吾身：为人谋而不忠乎？与朋友交而不信乎？传不习乎？"③

子夏曰："贤贤易色；事父母，能竭其力；事君，能致其身；与朋友交，言而有信。虽曰未学，吾必谓之学矣。"④

司马牛忧曰："人皆有兄弟，我独亡。"子夏曰："商闻之矣：死生有命，富贵在天。君子敬而无失，与人恭而有礼。四海之内，皆兄弟也。君子何患乎无兄弟也？"⑤

① 《论语·颜渊》，见程树德撰，程俊英、蒋见元点校：《论语集释》，中华书局 2014 年版，第 1132 页。
② 《论语·里仁》，见程树德撰，程俊英、蒋见元点校：《论语集释》，中华书局 2014 年版，第 364 页。
③ 《论语·学而》，见程树德撰，程俊英、蒋见元点校：《论语集释》，中华书局 2014 年版，第 24 页。
④ 《论语·学而》，见程树德撰，程俊英、蒋见元点校：《论语集释》，中华书局 2014 年版，第 38 页。
⑤ 《论语·颜渊》，见程树德撰，程俊英、蒋见元点校：《论语集释》，中华书局 2014 年版，第 1070—1071 页。

曾子曰："君子以文会友，以友辅仁。"①

显然，孔子弟子也服膺于君子之交，注重朋友之间的诚信，他们的交友观显然是孔子观念的延续，把成为君子的人生理想和交友之道结合起来，是儒家社会观的重要方面。

### （二）孔子的交友生活

孔子曰："有朋自远方来，不亦乐乎？"②此处的"朋"，朱熹注曰："朋，同类也。自远方来，则近者可知。程子曰：'以善及人，而信从者众，故可乐。'"③钱穆先生注为"朋，同类也。志同道合者，知慕于我，自远来也"④。杨伯峻先生称为"志同道合的人"⑤。孔子把远方朋友来访视为人生之乐，把朋友之交带来的乐趣视为"以友辅仁"的一种方式，这说明交友在孔子生活中不可或缺，也反映出孔子社交中生动活泼的一面。

孔子与朋友相交，自然会有生活的联系，而正因为朋友之间有着信任的关系，也有关嘱托与承诺，因此，孔子与朋友之间的关系显然与君臣、师生等社会关系不同。"朋友之馈，虽车马，非祭肉，不拜。"⑥意思是说，除非祭肉，朋友的馈赠，即使是车马，孔子在接受时不行礼，这体现了朋友之间平等的信任关系。"朋友死，无所归，曰：'于我殡。'"⑦朋友死了，无人埋葬，孔子负责为其料理后事，这体现了朋友

---

① 《论语·颜渊》，见程树德撰，程俊英、蒋见元点校：《论语集释》，中华书局2014年版，第1133页。
② 《论语·学而》，见程树德撰，程俊英、蒋见元点校：《论语集释》，中华书局2014年版，第6页。
③ （宋）朱熹撰，《四书章句集注》，中华书局1983年版，第47页。
④ 钱穆：《论语新解》，生活·读书·新知三联书店2002年版，第6页。
⑤ 杨伯峻：《论语译注》，中华书局1980年第2版，第1—2页。
⑥ 《论语·乡党》，见程树德撰，程俊英、蒋见元点校：《论语集释》，中华书局2014年版，第932页。
⑦ 《论语·乡党》，见程树德撰，程俊英、蒋见元点校：《论语集释》，中华书局2014年版，第931页。

之间的嘱托与信义。

最能体现孔子交友生活之情趣者，莫属《论语》《礼记》所载他与朋友原壤的关系。原壤是孔子的老友，但此人与孔子主张不同，甚至有点专门与孔子作对，但这并不妨碍他们之间长久且牢靠的朋友之交。据《礼记·檀弓》记载，原壤的母亲去世，孔子替他治丧，原壤却站在棺材上唱歌，孔子只好装作没听到。《论语·宪问》记载，"原壤夷俟。子曰：'幼而不孙弟，长而无述焉，老而不死，是为贼。'以杖叩其胫。"[1]原壤箕踞，不合礼数，孔子毫不可气地责骂他，还用拐杖敲他的小腿。这个生动的场景告诉我们，在现实的交友生活中，孔子并非不与"道"不同的人不交往，也非仅以儒家的君子为标准判断择友之道，即使是孔子本人，他的言论未必都是其生活的指南，正所谓"君子言不必行，行不必果"。

# 第二节　《论语》所见孔子弟子的日常生活

本节通过分析孔子弟子的衣食住行、交友生活等，揭示先秦儒家群体的生活特点，借此了解春秋中后期社会生活的基本面貌。

## 一、孔子弟子的衣食住行

《论语》载有孔子弟子诸多言行，除能反映孔门教育方式、学术传承、学派分化等问题外，也能反映他们的日常生活，正如钱穆先生所说："孔子弟子，多起微贱。颜子居陋巷，死有棺无椁；曾子耘瓜，其母亲织。闵子骞着芦衣，为父推车。仲弓父贱人。子贡货殖。子路食藜

---

[1] 《论语·宪问》，见程树德撰，程俊英、蒋见元点校：《论语集释》，中华书局2014年版，第1345页。

藋，负米，冠雄鸡，佩豭豚。有子为卒。原思居穷阎，敝衣冠。樊迟请学稼圃。公冶长在缧绁。子张鲁之鄙家。虽不尽信，要之可见。其以贵族来学者，鲁惟南宫敬叔，宋惟司马牛，他无闻焉。孔子亦曰：'吾少也贱'，其后亲为鲁司寇，弟子多为家臣，邑大夫。晚世如曾子子夏为诸侯师，声名显天下。故平民以学术进身而预贵族之位，自儒而始盛也。"① 除个别贵族、大商人外，孔子弟子大多为平民出身，有些甚至是"贱人"之后，他们中的一些人因得诗书之教而改变了生存境遇，一些人过着安贫乐道的生活，还有一些则在生活理念上似乎与儒家格格不入，这些现象皆可通过他们的衣食住行窥得一二。

## （一）衣

衣饰往往是一个人身份地位、生活品位、修养气质的外化。就孔子弟子而言，除正式场合须着儒服外，日常着装往往是他们社会地位、经济状况等的外化，这一点除上述孔子对子路衣着的评价外，《论语》所记不多。但是，一些语录也能反映出孔子弟子服饰生活及服饰观的一些特点。

子路曾说："愿车马衣轻裘与朋友共敝之而无憾。"② 这条语录反映出子路率真豪放的性格，在他看来，衣裘是身外之物，只要朋友需要，他就能贡献出来，与他们一起分享，即使损坏了也无所谓。据《说苑·臣术》记载，"子路为蒲令，备水灾，与民春修沟渎，为人烦苦，故与人一箪食，一壶浆"，他认为，"仁义者，与天下共其所有而同其利者也"③。这也反映了他的济贫和共享思想。④

① 钱穆：《先秦诸子系年·孔子弟子通考》，《钱穆先生全集》（新校本），九州出版社 2011 年版，第 68 页。
② 《论语·公冶长》，见程树德撰，程俊英、蒋见元点校：《论语集释》，中华书局 2014 年版，第 456 页。
③ 《韩非子·外储说右上》，见（清）王先谦撰，钟哲点校：《韩非子集解》，中华书局 1998 年版，第 314 页。
④ 参见李启谦：《子路（仲由）研究》，《齐鲁学刊》1985 年第 6 期。

《荀子·子道》记有子路盛服见孔子一事：

> 子路盛服见孔子，孔子曰："由，是裾裾何也？昔者江出于岷山，其始出也，其源可以滥觞，及其至江之津也，不放舟，不避风则不可涉也，非维下流水多邪？今女衣服既盛，颜色充盈，天下且孰肯谏女矣？由！"子路趋而出，改服而入，盖犹若也。孔子曰："志之，吾语女。奋于言者华，奋于行者伐，色知而有能者，小人也。故君子知之曰知之，不知曰不知，言之要也；能之曰能之，不能曰不能，行之至也。言要则知，行至则仁。既知且仁，夫恶有不足矣哉！"①

前述《论语》所载语录说子路与着盛装之人并立而不感羞耻，孔子赞许他坦荡、率真的个性，这条文献中，子路盛装见孔子，受到批评后，"改服而入"，让人也能感受到子路对孔子教诲的遵从，以及他并不执念于服饰等外在形式的人格魅力。

宰我是位颇具个性的学生，虽从学于孔子，但似乎并不认同儒家理念。他曾问孔子："三年之丧，期已久矣。君子三年不为礼，礼必坏；三年不为乐，乐必崩。旧谷既没，新谷既升，钻燧改火，期可已矣。"孔子回应说："食夫稻，衣夫锦，于女安乎？"宰我顺着自己的意图回答孔子，他出去后，孔子感叹道："予之不仁也！子生三年，然后免于父母之怀。夫三年之丧，天下之通丧也。予也有三年之爱于其父母乎！"②儒家提倡的三年之丧，主要通过减衣食、节欲念等形式表达对父母的追思和哀悼，而宰我可以做到"衣夫锦"而心安，这让孔子甚是恼火。从宰我角度看，守孝一年后，穿点好的，并不是问题，这种服饰观

---

① （清）王先谦撰，沈啸寰、王星贤点校：《荀子集解》，中华书局2013年版，第627—629页。

② 《论语·阳货》，见程树德撰，程俊英、蒋见元点校：《论语集释》，中华书局2014年版，第1586—1594页。

背后是一种人之常情的观念表达，非必如孔子所评价的那样"不仁"。

《史记·孔子世家》记载，"孔子卒，原宪遂亡在草泽中。子贡相卫，而结驷连骑，排藜藿入穷阎，过谢原宪。宪摄敝衣冠见子贡。子贡耻之，曰：'夫子岂病乎？'原宪曰：'吾闻之，无财者谓之贫，学道而不能行者谓之病。若宪，贫也，非病也。'子贡惭，不怿而去，终身耻其言之过也。"①《说苑·立节》记载，"曾子衣敝衣以耕，鲁君使人往致封邑焉，曰：'请以此修衣。'曾子不受，反，复往，又不受。使者曰：'先生非求于人，人则献之，奚为不受？'曾子曰：'臣闻之，受人者畏人，予人者骄人。纵君有赐，不我骄也，我能勿畏乎？'终不受。孔子闻之曰：'参之言，足以全其节也。'"②这两条文献所记未必真实，但从思想史角度看，孔门中安贫乐道者应该并非仅有颜渊一人，原宪、曾子等人的行止，说明儒家的生活态度皆非受制于精英理念，这些弟子的服饰观服从于他们的人生观、价值观，直观地反映出春秋中后期士人生活的真实面貌。

## （二）食

《论语》集中反映了孔子弟子颜回的饮食状况。颜回出身贫寒，尽管有改变社会地位的机会，身后被颂为圣贤，但在世时是位城市平民，一生为穷困所扰。颜回及其父亲颜无繇皆为孔子学生，他们也是孔子母亲家族成员。孔子幼时从舅家居，自称"少也贱"③，生活贫困，这说明颜回原生家庭是贫民之家。孔子曾称赞颜回："贤哉，回也！一箪食，一瓢饮，在陋巷，人不堪其忧，回也不改其乐。贤哉，回也！"④颜回住

---

① 《史记》卷六七《仲尼弟子列传》，中华书局1959年点校本，第2208页。
② 《说苑·立节》，见（汉）刘向撰，向宗鲁校证：《说苑校证》，中华书局1987年版，第97—98页。
③ 《论语·子罕》，见程树德撰，程俊英、蒋见元点校：《论语集释》，中华书局2014年版，第752页。
④ 《论语·雍也》，见程树德撰，程俊英、蒋见元点校：《论语集释》，中华书局2014年版，第498页。

在"陋巷"，过着他人"不堪其忧"的生活，是位安贫乐道的儒生，孔子夸赞颜回"三月不违仁"①且十分"好学"②，是位真正的君子，正如程子所言："颜子之乐，非乐箪瓢陋巷也，不以贫窭累其心而改其所乐也，故夫子称其贤"。③

颜回"箪食""瓢饮"给人们留下深刻印象，相关文献也多次述及此事，比如，《韩诗外传》云："颜渊问于孔子曰：'渊愿贫如富，贱如贵，无勇而威，与士交通，终身无患难，亦且可乎？'孔子曰：'善哉回也！夫贫而如富，其知足而无欲也。贱而如贵，其让而有礼也。无勇而威，其恭敬而不失于人也。终身无患难，其择言而出之也。若回者，其至乎！虽上古圣人，亦如此而已。'"④这条文献是对《论语·雍也》第11章的引申，孔子赞许颜回的"无欲"，视之为圣人品格。《吕氏春秋·任数》云："孔子穷乎陈、蔡之间，藜羹不斟，七日不尝粒，昼寝。颜回索米，得而爨之。几熟，孔子望见颜回攫其甑中而食之，选间食熟，谒孔子而进食。孔子佯为不见之。孔子起曰：'今者梦见先君，食洁而后馈。'颜回对曰：'不可！向者煤炱入甑中，弃食不祥，回攫而饮之。'孔子叹曰：'所信者目也，而目犹不可信；所恃者心也，而心犹不足恃。弟子记之，知人固不易矣。'故知非难也，孔子之所以知人难也。"⑤在极端困苦环境中，颜回还能保持如此高洁品性，怎能不让孔子感叹！孔子弟子中，甘于粗鄙饮食、有志于道者还有原宪等人，据说，"季次、原宪，闾巷人也，读书怀独行君子之德，义不苟合当世，当世亦笑之。故季次、原宪终身空室蓬户，褐衣疏食不厌。死而已四百余

---

① 《论语·雍也》，见程树德撰，程俊英、蒋见元点校：《论语集释》，中华书局2014年版，第487页。
② 《论语·先进》，见程树德撰，程俊英、蒋见元点校：《论语集释》，中华书局2014年版，第969页。
③ （宋）朱熹撰：《四书章句集注》，中华书局1983年版，第87页。
④ 《韩诗外传》卷十，见（汉）韩婴撰，许维遹校释：《韩诗外传集释》，中华书局1980年版，第357—358页。
⑤ 《吕氏春秋·任数》，见许维遹撰：《吕氏春秋集释》，中华书局2009年版，第447—448页。

年，而弟子志之不倦。"①

以饮食表达孝道，乃人之常情，儒家尤其重视这一点。子夏曾向孔子讨教孝道，孔子说："色难。有事，弟子服其劳；有酒食，先生馔，曾是以为孝乎？"②心悦诚服地表达孝道不仅关乎人的修养，也是儒家把外在礼仪内化为心理动能的重要方式。据说，继承孔子孝道思想的曾子，对其父母"昏定晨省，调寒温，适轻重，勉之于糜粥之间，行之于袵席之上，而德美重于后世"③。

### （三）住、行

和饮食一样，《论语》所载孔子弟子居住情况，最为有名的是颜回居于"陋巷"一事。居住环境也与人的社会地位直接相关，而努力改善居住环境是人类的天性，颜回居于"陋巷"而不改其乐，倒不是颜回不愿改善他的居住环境，而是在既有的生活条件下，更注重精神享受，即所谓"孔颜乐处"，这是早期儒家知识价值观的一种表达方式④，和儒家与万物合为一体的神秘的精神体验有一定关联。⑤

《论语》还间接地反映出孔子弟子居住情况。我们不能简单地把孔子与弟子的关系等同于近现代社会的师生关系，从师之徒是一种依附私家的徒役，正如《吕氏春秋·遇合》所言，"孔子……委质为弟子者三千人，达徒七十人"，《史记·仲尼弟子列传》有"子路后儒服委质，因门人请为弟子"等的记载，春秋中晚期的师生关系和君臣关系一样，弟子须向老师服役。⑥这种情况下，一部分弟子可能和孔子住在一起，

① 《史记》卷百二四《游侠列传》，中华书局1959年点校本，第3181页。
② 《论语·为政》，见程树德撰，程俊英、蒋见元点校：《论语集释》，中华书局2014年版，第113页。
③ 《新语·慎微》，见王利器撰：《新语校注》，中华书局1986年版，第89页。
④ 参见杜豫、刘振佳：《"颜乐"新探——兼论早期儒家知识价值观》，《齐鲁学刊》2005年第2期。
⑤ 参见李泽厚：《论语今读》，安徽文艺出版社1998年版，第183页。
⑥ 参见裘锡圭：《战国时代社会性质试探》，《古代文史研究新探》，江苏古籍出版社1992年版，第403页。

不住在一起的学生可能要"早请示、晚汇报",前述冉有为季氏家臣,处理完事务后须见孔子一事,即是一例。

子贡结庐于孔子墓虽不见于《论语》,但它是孔子弟子居住生活中颇为著名的例子,也值得一说。《孟子·滕文公上》:"昔者孔子没,三年之外,门人治任将归,入揖于子贡,相向而哭,皆失声,然后归。子贡反,筑室于场,独居三年,然后归。"①《史记·孔子世家》:"孔子葬鲁城北泗上,弟子皆服三年。三年心丧毕,相诀而去,则哭,各复尽哀;或复留。唯子贡庐于冢上,凡六年,然后去。"②子贡结庐孔子墓长达六年,可谓至孝,这种守孝状态下的居住,对于大商人子贡而言是十分难得的,反映出他对孔子的无比崇敬之情。

至于孔子弟子们的出行情况,《论语》记载得更少。从孔子的出行看,孔子弟子们的出行方式应当也取决于他们的社会地位,且不说南宫敬叔这样的贵族学生,冉有、子路等做了季氏家臣的弟子,外出一般有车马相送,至于出身贫寒且无职位者,大概多半要"徒行"。有时,孔子弟子要随从孔子出远门,特别是孔子周游列国时,陪伴左右的,基本上都是他的弟子。孟懿子问孝,孔子回道:"无违。"樊迟为孔子驾车,孔子告诉他:"孟孙问孝于我,我对曰,无违。"樊迟问为何如此作答,孔子说:"生事之以礼,死葬之以礼,祭之以礼。"③此事应当发生在鲁国,或是孟懿子为孔子学生之时,或是其执政时,应当是在孔子周游列国之前。孔子曾去卫国,"冉有仆"④,这也是学生随从老师出行的一例,一方面反映出当时师徒关系中的人身依附状况,另一方面也反映出当时远距离出行的方式。

---

① (清)焦循撰,沈文倬点校:《孟子正义》,中华书局1987年版,第393页。
② 《史记》卷四七《孔子世家》,中华书局1959年点校本,第1945页。
③ 《论语·为政》,见程树德撰,程俊英、蒋见元点校:《论语集释》,中华书局2014年版,第102—104页。
④ 《论语·子路》,见程树德撰,程俊英、蒋见元点校:《论语集释》,中华书局2014年版,第1168页。

# 二、孔子弟子其他生活状况

《论语》所载孔子弟子其他生活状况相对零碎，笔者用以下几条语录评述之。

《论语·先进》篇记有：

> 子路、曾晳、冉有、公西华侍坐。子曰："以吾一日长乎尔，毋吾以也。居则曰：'不吾知也！'如或知尔，则何以哉？"子路率尔而对曰："千乘之国，摄乎大国之间，加之以师旅，因之以饥馑；由也为之，比及三年，可使有勇，且知方也。"夫子哂之。"求！尔何如？"对曰："方六七十，如五六十，求也为之，比及三年，可使足民。如其礼乐，以俟君子。""赤！尔何如？"对曰："非曰能之，愿学焉。宗庙之事，如会同，端章甫，愿为小相焉。""点！尔何如？"鼓瑟希，铿尔，舍瑟而作，对曰："异乎三子者之撰。"子曰："何伤乎？亦各言其志也。"曰："莫春者，春服既成，冠者五六人，童子六七人，浴乎沂，风乎舞雩，咏而归。"夫子喟然叹曰："吾与点也！"三子者出，曾晳后。曾晳曰："夫三子者之言何如？"子曰："亦各言其志也已矣。"曰："夫子何哂由也？"曰："为国以礼，其言不让，是故哂之。""唯求则非邦也与？""安见方六七十如五六十而非邦也者？""唯赤则非邦也与？""宗庙会同，非诸侯而何？赤也为之小，孰能为之大？"①

孔子几个弟子表达人生志向，曾晳说他的理想是在暮春三月，穿着春服，与五六位成人、六七个童子，一起在沂水边颂读，在舞雩台上举行祭礼，咏颂完毕后回家。孔子叹道："我和曾晳的志向一样啊！"子

---

① 《论语·先进》，见程树德撰，程俊英、蒋见元点校：《论语集释》，中华书局2014年版，第1029—1051页。

路、冉有志向在治国，公西华想从事礼仪祭祀之事，只有曾皙的志向得到孔子认同。这说明孔子向往贵族化的日常生活，也说明儒家除关心治国之道外，也追求相对快意的生活方式。

《论语·公冶长》篇记载了宰我昼寝之事：

> 宰予昼寝。子曰："朽木不可雕也，粪土之墙不可杇也；于予与何诛？"子曰："始吾于人也，听其言而信其行；今吾于人也，听其言而观其行。于予与改是。"①

皇侃疏曰："寝，眠也。宰予惰学而昼眠也。孔子责宰予昼眠，故为之作譬也。"②朱子注曰："昼寝，谓当昼而寐。朽，腐也。雕，刻画也。杇，镘也。言其志气昏惰，教无所施也。"③有学者说宰予居丧而昼寝，严重地违背了礼④，显然言过其实。也有学者说宰予"昼寝"其实是睡午觉，不能笼统说"白天睡觉"⑤，这样的解释也有问题。综合《论语》中孔子与宰我的对谈，这位弟子虽立于儒门，但并不服膺于儒家思想，他的"昼寝"与好问勤学、自强不息的儒家理念背道而驰，难怪会受到孔子严厉责难。

孔子曾说："回也其庶乎，屡空。赐不受命，而货殖焉，亿则屡中。"⑥除同情颜回的贫困外，孔子对子贡"不受命"却能"货殖"颇多感慨。程子曰："子贡之货殖，非若后人之丰财，但此心未忘耳。然此

① 《论语·公冶长》，见程树德撰，程俊英、蒋见元点校：《论语集释》，中华书局2014年版，第401—405页。
② 《论语·公冶长》，见程树德撰，程俊英、蒋见元点校：《论语集释》，中华书局2014年版，第403页。
③ （宋）朱熹撰：《四书章句集注》，中华书局2012年版，第78页。
④ 参见陈昌宁：《"宰予昼寝"新说》，《齐鲁学刊》1994年第2期。
⑤ 杜贵晨、杜斌：《"宰予昼寝"新解》，《孔子研究》2001年第1期。
⑥ 《论语·先进》，见程树德撰，程俊英、蒋见元点校：《论语集释》，中华书局2014年版，第1006页。

亦子贡少时事，至闻性与天道，则不为此矣。"① 李泽厚先生认为《论语》中子贡、子路等人的形象最令人喜爱、欣赏，他们不像颜回、曾参、闵子骞等一副枯槁死板模样，所谓"不受命"可解为"不受天命""不受师（孔子）命"等，子贡有不信邪、不怕鬼、事在人为的精神。② 从社会生活角度看，子贡善商贾之事，家财丰厚，又能尊师重礼，是位典型的儒商，孔子对他的态度说明孔子并不反对经商，相反，对子贡"亿则屡中"的能力是很赞许的。子贡不仅自己可以过上优质的生活，对孔子日常生活必定多有助益，而经济条件往往与人生命运有一定关联，这一点恐怕也是孔子有意识地拿这两位弟子进行比较的一个原因。

孔子评价公冶长："可妻也。虽在缧绁之中，非其罪也。"③ 孔子把自己的女儿嫁给了公冶长。评价南容："邦有道不废；邦无道免于刑戮。"④ 孔子把侄女嫁给了南容。孔子选婿的前提条件是看此人在社会中是否有自保能力，虽置"缧绁"却能安全脱身，邦"有道""无道"都能保全性命，说明二人有这样的能力。在乱世中，人们的生活中存在诸多不安全因素，而以自己的智慧保全己身，对己对家庭都是十分重要的。从这个角度看，儒家舍生取义的人生理想与明哲保身的生活观念之间，也存在一定的差异，而这个问题也涉及知行合一。事实上，思想观念支配下的精神信念与社会生活培育出的日常经验之间的确存在差异，有时甚至是相互抵触的，孔子的学问在于关注活生生的人，在于理解并同情人之常情，正唯如此，"知"与"行"的不一致，并非是观念出了问题，也并非是行为失当，而是常情所致。

孔子弟子众多，各有各的性情，尤其是返回鲁国后招的最后一批弟

---

① （宋）朱熹撰：《四书章句集注》，中华书局 1983 年版，第 127 页。

② 参见李泽厚：《论语今读》，安徽文艺出版社 1998 年版，第 264—265 页。

③ 《论语·公冶长》，见程树德撰，程俊英、蒋见元点校：《论语集释》，中华书局 2014 年版，第 368 页。

④ 《论语·公冶长》，见程树德撰，程俊英、蒋见元点校：《论语集释》，中华书局 2014 年版，第 371 页。

子，年轻气盛，理念不合者较多，这一点已在前文中有过讨论。正因为人生理念不同，加之家庭出身也不一样，生活上有差异也是难免的。不过，就交友生活而言，他们或许有共同的信念。司马牛曾担忧地说："人皆有兄弟，我独亡。"子夏回答说："商闻之矣：死生有命，富贵在天。君子敬而无失，与人恭而有礼。四海之内，皆兄弟也。君子何患乎无兄弟也？"①"四海之内皆兄弟"是家喻户晓的名言，气象甚为广大，符合青年弟子们的交友心态，也反映出他们的交友之道。

综上，孔子弟子的社会生活较典型地反映出春秋中后期的社会状况。首先，这一时期的社会分化加剧。与春秋早期的情况比，这一时期，因个体小家庭独立生存能力进一步提升，社会流动加剧，使得都邑所居人口的成分愈加复杂。就孔子弟子的社会身份来说，可谓驳杂多元，这一点集中反映在他们的衣食住行方面。孔子面对的学生不是西周王官之学的大小贵族子弟，而是贵族、平民、野人及贱人之子等共同构成的儒生群体，出身不同，生活理念也不一样，所以他们的衣饰观、饮食观等都有很大差异，而这些差异典型地反衬出当时的社会分化状况。其次，孔子弟子社会生活理念的差别反映出人类生活本身的多元特性。孔子以君子之道要求、培养弟子，他们接受着同样的诗书之教，但是，观念上的差异还是比较大的，有些人服膺于孔门之教无所改错，有些人专事于独立思考，有些人试图学习稼穑，有些人则以反其道行之为乐，等等此类的例子都说明，人类生活的多样性成就了人类思想的多元，人类思想理念与社会生活之间的差异，或许也是这种多元性的一种表现形式。

---

① 《论语·颜渊》，见程树德撰，程俊英、蒋见元点校：《论语集释》，中华书局 2014 年版，第 1070—1071 页。

# 第三节 《论语》所见平民社会生活状况

细读孔子与弟子及时人的对谈，其中不乏关于平民社会生活状况的描述，虽然所占篇幅较少，但能够直观地反映出春秋中后期平民社会生活的真实情状。本节从当时社会对平民生活的限制、提供的机遇两个角度，分析《论语》所载平民生活的真实情状。

## 一、当时社会对平民生活的限制

《论语》所反映的时代与"古今一大变革之会"[①]的战国同为社会转型期。这一时期，无论是生产方式，还是国家管理与社会控制法则，都发生了剧烈变动，而在那个诸侯争霸、礼乐崩坏的年代，平民们首先要承受的是社会对他们生活的各种限制。

作为平民人群主体的农民在《论语》中处于不在场状态，但是，一些内容能够间接地反映出农民的社会生活及其社会地位。鲁国地处内陆，宜于农桑，且承续了周人重视农业的文化传统，平民百姓多以务农为生，手工业生产多与农业相关。[②]不过，农民们终劳四季，却难得温饱，社会地位也普遍低下，这或许给曾经经历过贫民生活的孔子留下深刻印象，他以"六艺"传教，目的之一即是让那些身份卑微的弟子摆脱原生家庭的生活方式，迈入精英阶层，成为食禄者。樊迟"请学稼""请学为圃"，孔子回答"吾不如老农""吾不如老圃"，称樊迟为"小人"，且感叹道："上好礼，则民莫敢不敬；上好义，则民莫敢不服；上好信，则民莫敢不用情。夫如是，则四方之民襁负其子而至矣，焉用

---

① （清）王夫之：《读通鉴论》，中华书局 1975 年版，第 2549 页。
② 参见杨朝明：《试论鲁国的重农传统和农业生产》，《中国农史》1990 年第 3 期。

稼?"①孔子要求他的学生成为君子，践行"学而优则仕"，因此，他力图培养学生参政议政的能力。在他看来，从事农业生产，会给自身带来很多限制，因此，似乎是瞧不起追求这种生活方式的学生。宋人杨时认为樊迟游学于圣人之门，却要"学稼"，"志则陋矣"②。近代以来的黜孔运动中，孔子批评樊迟问稼一事颇受质疑，甚至成为打倒孔子的罪证，出版于"文革"后期的《论语批注》视此为"反动的教育路线"，认为孔子轻视农事，主张"学而优则仕"，"为奴隶主阶级培养骑在劳动人民头上的反动官僚和精神贵族，造就一批四体不勤、五谷不分的寄生虫，坚持复辟、反对前进的反动派。"③如若从培养君子为目标的教育目的出发，孔子不喜稼穑之事，当在情理之中，由此反观，农民受社会限制致使人生处于贫弱，很大程度上与其从事的生产方式有关。

当时，对农民生活构成最大限制的因素莫过于赋税制度的变革。鲁宣公十五年（前594），为增加公室收入，鲁宣公与东门氏试图施行按亩征税的田赋制度，向公田以外的私田收取地租。据学者研究，"初税亩"只是谋划之事，势力大不如前的鲁国国公无法向拥有大量私田的"三桓"征税，当时的一井之田不过缴纳"稯禾、秉刍、缶米"④而已，国家对农民的盘剥主要是"籍田以力"。反映春秋时代农民生产生活的《豳风·七月》详尽描述了农民一年四季的生活状况，从正月修整农具，二月下田耕作，至十月收获，忙完农事后还要到公家修筑宫室，之后又要忙着播种，如此周而复始。虽然四季劳作不停，但大多数农民仍过着"无衣无褐"的贫苦生活。平民百姓还得负担筑城、兵役等义务，在国家管理与社会控制体系发生变动且战争频仍的时代，越来越多的家族

---

① 《论语·子路》，见程树德撰，程俊英、蒋见元点校：《论语集释》，中华书局2014年版，第1156—1158页。
② （宋）朱熹撰：《四书章句集注》，中华书局1983年版，第143页。
③ 北京大学哲学系一九七〇级工农兵学员：《〈论语〉批注》，中华书局1974年版，第282页。
④ 《国语·鲁语下》，见徐元诰撰，王树民、沈长云点校：《国语集解》，中华书局2002年版，第207页。

成员失去了氏族长的护佑，直接面对国家的征调与奴役，这更使得他们的生活陷入困顿、危险之中而"绝无人垂怜"[①]，孔子说："以不教民战，是谓弃之。"[②] 时逢乱世，被国家机器"弃之"的平民随处可见，儒家精英批判这种现象的背后，是平民命运随意受摆布的现实。

鲁哀公十二年（前483），季康子不顾孔子反对采取"用田赋"[③]之策，加重了平民百姓的赋税负担，鲁国的田税制度由此实现真正意义上的变革。[④]"三桓"为巩固势力打压陪臣，力主实施"用田赋"之制，鲁国公室为增加收入也要加税，因此，才有鲁哀公向有若抱怨"用不足"一事，有若问其为何不实行"彻"法，即十税一，哀公说："二，吾犹不足，如之何其彻也？"[⑤] 可见，国家权力体系的直接盘剥是平民社会生活受到更多困扰的主要因素，所谓税改往往是政府加税的一个口实，而累世加税最终酿成"积累莫返之害"[⑥]，农民深受其害。

《论语》里的一些平民是在场的，颜回的贫困令孔子无可奈何，他曾感叹"回也其庶乎，屡空。赐不受命，而货殖焉，亿则屡中"[⑦]。子贡是大商人，虽"不受命"，却能囤积投机，猜测行情，富可敌国，而颜回的学问、道德一流，却深陷贫苦之中。在孔子看来，颜回的贫困是他的天命，颜回生于穷苦人家，虽接受孔子教诲，长期伴随孔子身边，但因原生社会地位的限制，其道德、人品及学问似乎也改变不了他的社会地位。

颜回死后，颜无繇请求孔子把他的车捐出来为颜回作椁，孔子说其

---

① 童书业：《春秋史》，上海古籍出版社2003年版，第63页。
② 《论语·子路》，见程树德撰，程俊英、蒋见元点校：《论语集释》，中华书局2014年版，第1216页。
③ 《春秋·哀公十二年》，见杨伯峻编著：《春秋左传注》，中华书局2009年版，第1669页。
④ 参见晁福林：《论"初税亩"》，《文史哲》1999年第6期。
⑤ 《论语·颜渊》，见程树德撰，程俊英、蒋见元点校：《论语集释》，中华书局2014年版，第1090—1097页。
⑥ 《明夷待访录·田制三》，见（清）黄宗羲：《黄宗羲全集》（第1册），浙江古籍出版社1985年版，第26页。
⑦ 《论语·先进》，见程树德撰，程俊英、蒋见元点校：《论语集释》，中华书局2014年版，第1006页。

子孔鲤死后，"有棺而无椁"，他也没有用车为孔鲤作椁，因为孔子"从大夫之后，不可徒行也"①。春秋中后期离那个"事死如事生"②的时代并不遥远，加之儒家注重丧葬"慎终追远"的礼仪效果，以椁配棺下葬乃是儒生社会地位的基本象征。颜回家里配不起椁，其父才出此下策。孔子不愿捐出椁，一是其子也未配椁，二是他跟从于大夫之后，"礼不可出门步行"③。无独有偶，孔子朋友去世，无人收敛，孔子说："于我殡。"④当时，平民日常生活中，顾全死后荣光是甚难办到的，颜无繇要厚葬颜回，除有怜爱其子的感情因素外，与其子为孔子高足的事实不无关系。最终，孔子门人厚葬了颜回。孔子闻之，感叹道："回也视予犹父也，予不得视犹子也，非我也，夫二三子也。"⑤知颜回者莫若孔子，颜回一生甘愿承受社会对于他的各种限制，死后肯定不愿厚葬。对于孔子帮忙下葬的那些人来说，能够裹尸于地下已是幸运了。

孔子和他的弟子们曾讨论过贫富问题。子贡曾问孔子："贫而无谄，富而无骄，何如？"孔子回答说："可也。未若贫而乐，富而好礼者也。"⑥孔子曾说："饭疏食饮水，曲肱而枕之，乐亦在其中矣。不义而富且贵，于我如浮云。"⑦他还认为"富而可求也"，为摆脱贫困，虽为"执鞭之士"他也愿意，"如不可求，从吾所好"⑧。作为社会精英，他们所拥有的社会地位与生存技能决定了生活出路的多元性，孔子显然

① 《论语·先进》，见程树德撰，程俊英、蒋见元点校：《论语集释》，中华书局 2014 年版，第 972 页。
② 《左传·哀公十五年》，见杨伯峻编著：《春秋左传注》，中华书局 2009 年版，第 1692 页。
③ 钱穆：《论语新解》，生活·读书·新知三联书店 2002 年版，第 203 页。
④ 《论语·乡党》，见程树德撰，程俊英、蒋见元点校：《论语集释》，中华书局 2014 年版，第 931 页。
⑤ 《论语·先进》，见程树德撰，程俊英、蒋见元点校：《论语集释》，中华书局 2014 年版，第 980 页。
⑥ 《论语·学而》，见程树德撰，程俊英、蒋见元点校：《论语集释》，中华书局 2014 年版，第 70 页。
⑦ 《论语·述而》，见程树德撰，程俊英、蒋见元点校：《论语集释》，中华书局 2014 年版，第 600 页。
⑧ 《论语·述而》，见程树德撰，程俊英、蒋见元点校：《论语集释》，中华书局 2014 年版，第 585 页。

有从其所好的可能。但是，对于平民而言，改变身份的机遇恐怕是罕见的，且没有那么多心智做到"贫而无谄""贫而乐"。阙里未冠少年至孔子处，别人问孔子这位少年是否能有长进，孔子说："吾见其居于位也，见其与先生并行也。非求益者也，欲速成者也"①。阙里是孔子故土，这位少年恐怕也是位平民子弟，他的行为不合礼数，有点急于求成，"欲速成者"即谓想要快速摆脱旧身份，早点加入儒生精英团体。面对机遇，平民如若急于求成，反而会给自己带来更多限制，至于"死生有命，富贵在天"②的君子悟道之言，与平民的认知及他们所处的现实境遇皆相去甚远。

## 二、当时社会带给平民的机遇

当时的时代除对平民的社会生活构成较大限制外，也为平民百姓带来诸多机遇。

铁制工具未出现的商周时代，由于劳动工具滞后，生产力低下，一夫一妻的小家庭无法独立生存，人们只能聚族而居，过着共耕生活。《诗·小雅·斯干》云："秩秩斯干，幽幽南山。如竹苞矣，如松茂矣。兄及弟矣，式相好矣，无相犹矣。似续妣祖，筑室百堵，西南其户。爰居爰处，爰笑爰语。"这种同祖兄弟团结友爱，家族上下欢乐和谐的情境是社会生产力无法承纳个体小家庭生活方式的真实写照。《诗·周颂·载芟》亦云："载芟载柞，其耕泽泽。千耦其耘，徂隰徂畛。侯主侯伯，侯亚侯旅，侯彊侯以。有嗿其馌，思媚其妇，有依其士。有略其耜，俶载南亩。播厥百谷，实函斯活。"《毛传》曰："主，家长也。伯，长子也。亚，仲叔也。旅，子弟也。彊，强力也。以，用也。"在家族

---

① 《论语·宪问》，见程树德撰，程俊英、蒋见元点校：《论语集释》，中华书局 2014 年版，第 1347 页。
② 《论语·颜渊》，见程树德撰，程俊英、蒋见元点校：《论语集释》，中华书局 2014 年版，第 1071 页。

长的率领下，氏族成员"俶载南亩""播厥百谷"，过着共同耕作、共享劳动成果的群居生活。当时的国家也是建构于大大小小的宗族基础之上，《左传》桓公二年载，"天子建国，诸侯立家，卿置侧室，大夫有贰宗，士有隶子弟，庶人、工、商，各有分亲，皆有等衰。"这一时期，普通平民受家族长保护，不用直面国家管理与社会控制，同时也受家族长驱使而没有经济、人格等方面的独立性。春秋前期，大的血亲家族仍是重要的社会组织，"平民总是千方百计设法追随贵族的。"① 春秋中后期，随着铁器的使用和牛耕等先进农业技术的进一步推广，普通平民在家族长的庇护下聚族共耕的社会生活方式逐步瓦解，这一方面使得个体需要直接承受国家的统治与驱使，从而更多的平民百姓受制于新的社会控制机制。另一方面，正因为生产力的发展进步，一夫一妻为核心的个体家庭独立生活成为可能，个体的人离开氏族亦能存活，这是那个时代给予平民最大的机遇。

《论语》中有一些通过个体劳作得以保全家庭且使自身获得相对独立发展的实例。《论语·微子》载，当时的隐者长沮、桀溺"耦而耕"，孔子让子路问路，当他们得知过路者为孔子及其弟子子路时，发表了一凡宏论："滔滔者天下皆是也，而谁以易之？且而与其从辟人之士也，岂若从辟世之士哉？"他们没有帮忙指路，且"耰而不辍"，孔子闻之，感叹道："鸟兽不可与同群，吾非斯人之徒与而谁与？天下有道，丘不与易也。"这两位隐逸之士劝子路，与其跟从避人之士，不如追随避世之士。《论语·微子》还载有子路向荷蓧丈人问询孔子下落一事，同样的，荷蓧丈人也反感孔子之道，和长沮、桀溺一样，这位"植其杖而芸"的"隐者"，也是位独自生活的自由民。当时，这样的人为数不多，但是，他们的出现至少说明生产力的进步为一部分人过上独立自主的生活提供了可能。他们不仅通过劳动养活自己，还避开人群聚居之所，过着隐耕生活，身体摆脱了血亲大家族控制，思想亦可得以独立。

---

① 雷海宗：《中国的家族》，载《中国文化与中国的兵》，商务印书馆 2014 年版，第 55 页。

　　从《论语》的一些语录看，平民能够过上衣食无忧的生活，还在于他们与精英群体有着血缘上、地缘上及学问上的联系。比如，公西华出使齐，冉由替他母亲向孔子请求供养之米，孔子说："与之釜。"冉有要求增加。孔子说："与之庾。"冉有最后给了她"五秉"。[①]"五秉"即八十斛，合为八十石，数量颇多。公西华曾云："莫春者，春服既成，冠者五六人，童子六七人，浴乎沂，风乎舞雩，咏而归。"[②] 他的生活方式曾得到孔子的赞许。公西华当已入仕，是位儒家精英，他的母亲应当是位普通的家庭妇女，母因子贵，所以能过上富足的生活，因此，连孔子都说"君子周急不继富。"[③] 原思任孔子家臣，孔子想给他小米"九百"，他却请辞不要，孔子说："毋！以与尔邻里乡党乎！"[④] 孔子要他把多余的小米分给邻里乡党，这些平民因与原思关系密切，生活得到一些保障。

　　孔子的诸多学生出身贫寒，因获得孔子教诲，身份、地位发生大的变化，子路是其中的典型代表。子路出身乡野，史称"子路性鄙，好勇力，志伉直，冠雄鸡，佩豭豚，陵暴孔子。"[⑤] 起初，子路旧习难改，处处为难孔子，孔子曾说："由也好勇过我，无所取材。"[⑥] 但子路勤奋好学，学业上进步明显，别人取笑子路琴艺，孔子回护道："由也升堂矣，未入于室也。"[⑦] 就是这样一位粗鄙之人，师从孔子习学"六艺"，践行

---

① 《论语·雍也》，见程树德撰，程俊英、蒋见元点校：《论语集释》，中华书局2014年版，第476页。
② 《论语·先进》，见程树德撰，程俊英、蒋见元点校：《论语集释》，中华书局2014年版，第1040页。
③ 《论语·雍也》，见程树德撰，程俊英、蒋见元点校：《论语集释》，中华书局2014年版，第478页。
④ 《论语·雍也》，见程树德撰，程俊英、蒋见元点校：《论语集释》，中华书局2014年版，第479、482页。
⑤ 《史记》卷六七《仲尼弟子列传》，中华书局1959年点校本，第2191页。
⑥ 《论语·公冶长》，见程树德撰，程俊英、蒋见元点校：《论语集释》，中华书局2014年版，第386页。
⑦ 《论语·先进》，见程树德撰，程俊英、蒋见元点校：《论语集释》，中华书局2014年版，第996页。

了"学而优则仕"，成功改换了自己的社会身份。互乡这个地方的人不好打交道，当地一位少年得到孔子接见，门人们对此很疑惑，孔子说："与其进也，不与其退也，唯何甚？人洁己以进，与其洁也，不保其往也。"①孔子认为不能抓住一个人的缺点不放，应当看到他的长处和进步。这位少年得到了孔子教诲，或可以入孔子私学，这也是因与社会精英发生联系，平民的社会地位发生变化的一个例子。

总之，无论是那些士子的家属，还是他们的邻里乡党，抑或是普通少年，因为与社会精英群体有着血缘、地缘及学问上的关系，他们的生活得以改善，社会地位得以提升，这都是当时社会给予平民发展机会的典型例证。

从《论语》所载一些语录看，精英阶层的人文关怀意识也是平民在社会生活领域获得更多机会的重要因素。孔子家的马厩着火，孔子问："伤人乎？"②不问财产损失。孔子曾说："不教而杀谓之虐；不戒视成谓之暴；慢令致期谓之贼；犹之与人也，出纳之吝谓之有司"。③孔子曾至卫，看到乡村人口繁多，感叹道："庶矣哉！"冉有问："既庶矣，又何加焉？"孔子说："富之。"④知识精英尊重平民的生存权，批判统治者的残暴行径，提出要让平民致富等主张。当这些主张蕴含着的人文精神，影响到国家治理与社会控制的具体实施之策时，无疑能为底层百姓提供更多生存机遇。

孔子曾说："衣敝缊袍，与衣狐貉者立，而不耻者，其由也与？"意谓穿着破烂衣服与身着狐裘者站在一起而不觉得惭愧的，恐怕只有子

---

① 《论语·述而》，见程树德撰，程俊英、蒋见元点校：《论语集释》，中华书局2014年版，第637页。

② 《论语·乡党》，见程树德撰，程俊英、蒋见元点校：《论语集释》，中华书局2014年版，第919页。

③ 《论语·尧曰》，见程树德撰，程俊英、蒋见元点校：《论语集释》，中华书局2014年版，第1768页。

④ 《论语·子路》，见程树德撰，程俊英、蒋见元点校：《论语集释》，中华书局2014年版，第1168页。

路吧。孔子引《诗》"不忮不求，何用不臧？"子路闻之，老是念叨这两句诗，孔子又道："是道也，何足以臧？"①在当时的社会生活中，贫富的差异十分直观地体现于衣着上，普通百姓"衣敝缊袍"而富裕阶层身着"狐貉"。不同阶层在衣食住行上有差异是人类社会的普遍现象，但是，在社会急剧转型的时代，贫富分化往往会更加明显。春秋中后期，诸侯争霸，很多平民百姓因与血亲家族离散，不得已流落城市谋生，一些人为了生存只得卖身为奴，一些失去土地的小贵族也因生活陷于困顿不能自拔。与之相反，得益于军功或土地兼并，新兴贵族阶层兴起，他们因迅速积累财富而生活富足奢靡。在这样的时代，贫富间的差距因为各种因素不断拉大，普通百姓与富足之人的衣着差异鲜明，也在情理之中，因此，《诗·卫风·雄雉》才会有"不忮不求，何用不臧"这样的诗句，宽慰普通百姓。子路甘于底层百姓的身份，与富足之人并立而不耻，且以"不嫉妒、不贪求，有什么不好"来安慰自己，孔子闻之，认为仅仅有与富人并立而不觉羞愧的勇气是不够的，普遍人不应当甘于贫困，要试着改变自己。孔子就是一位利用所学知识授徒而改换了社会身份的儒生，这是现身说法。孔子还说："先进于礼乐，野人也；后进于礼乐，君子也。如用之，则吾从先进。"②在世卿世禄的分封时代，血缘关系决定着一切，贵族子弟身居高位，德行、能力优越而血统卑下者甚少有施展能力的机会。孔子主张统治者任用贤人，提倡为政者"先有司，赦小过，举贤才"③。他还认为人们应当向贤人学习，以贤人为镜反躬自身，以提高自身修养，"见贤思齐焉，见不贤而内自省也"④。孔子

① 《论语·子罕》，见程树德撰，程俊英、蒋见元点校：《论语集释》，中华书局2014年版，第800—803页。
② 《论语·先进》，见程树德撰，程俊英、蒋见元点校：《论语集释》，中华书局2014年版，第949页。
③ 《论语·子路》，见程树德撰，程俊英、蒋见元点校：《论语集释》，中华书局2014年版，第1138页。
④ 《论语·里仁》，见程树德撰，程俊英、蒋见元点校：《论语集释》，中华书局2014年版，第348页。

不仅主张放弃血统决定一切的旧制，且推重那些"先进于礼乐"的"野人"，这与以军功论高下的社会政治现实有异曲同工之处，而以德行、能力作为入仕依据，显然是当时社会给予平民的重要机遇。

# 三、一些思考

统观《论语》所见平民社会生活，当时社会对平民百姓的各种限制与社会给予他们的机遇，错综复杂地交织在一起。总的来看，生产力进步使得个体劳动成为可能，少数自耕民过着相对独立自主的生活，他们在衣食住行诸方面的生活水平，是以石器、木器等为生产工具而甚少使用青铜农具的商周时代百姓无法比拟的①，有些隐逸之士不仅生产生活可以自足，个体劳动甚至成为他们远离乱世、保持人格独立的前提条件。另外，生产力的进步促进了社会分工的细化，一些平民子弟因受学"六艺"，具备了入仕条件，成为社会精英，从社会底层跃升为中上层人士。而另一面，在礼崩乐坏的时代，大量平民百姓失去了家族长的保护，或流离失所，或卖身为奴，在急剧转型的社会中沦为底层民众，有些人甚至成为奴隶，尽管生产力进步了，但这部分人的衣食住行可能还不如商周平民百姓的生活水平。此外，原为贵族阶层的一些士人，因世卿世禄制的瓦解，或因在宗族中的地位进一步下降，有些人甚至沦为普通庶人。②总之，在那个新旧交织的时代，平民在社会生活层面上的差异更加明显，抓住社会提供的机遇而提升社会地位者有之，在社会转型时代沦落为社会底层者有之，因德行、能力受到认可而社会生活显著改善者亦有之。这种因社会转型导致的生存机遇与社会困境相交织的情境，既是各阶层社会地位加速分化的一种表现，也是转型时期普遍存在的一种社会现象。

---

① 参见赵世超：《殷周大量使用青铜农具说质疑——与陈振中同志等商榷》，《农业考古》1983 年第 2 期。
② 参见沈长云：《先秦史》，人民出版社 2006 年版，第 264—265 页。

从平民在社会生活方面遇到的困境看，一般都涉及他们的生存之道。在农业社会，农民群体是社会的根本，他们的劳作支撑着整个社会的运转，然而，普通平民因从事这种劳作方式而社会地位普遍低下，这似乎是这一种悖谬，但究其根本，是因为农业生产是国家广泛抽税的领域，农民群体也更容易被国家权力体系所操控，成为被剥夺、被管控的对象。

也须看到，除生产力进步使平民改善自身生活条件成为可能外，人文意识的提升也是重要因素。在重视个体生命的人文意识领域，如何让平民获得参政议政的知识和能力，成为儒家精英们孜孜以求的人生目标，孔子和他的弟子们是这方面的引领者，而那些因得到儒家精英青睐或获得"六艺"知识而参政议政的平民子弟，则很好地实践了利用所学知识改变自身社会地位的思想观念。

如若把平民的社会生活置于儒家的思想视域，由此形成的价值立场与平民的社会观感有很大差距。总体而言，孔子以"义"作为取舍贫富贵贱的原则，他曾说："富与贵，是人之所欲也；不以其道得之，不处也。贫与贱，是人之所恶也；不以其道得之，不去也。"[1] 他还说："饭疏食饮水，曲肱而枕之，乐亦在其中矣。不义而富且贵，于我如浮云。"[2] 研究表明"义"是子学的共同话域，是诸子共同的思想原点、学术方向和学术宗旨，也是诸子建构自身学说的公共文化资源，集中体现出子学的不容忽视的共性和内在一致性。[3] 儒家以信义作为取舍社会财富或生存之道的言论，究其实质是商周贵族社会的文化观念遗存，而其成立的前提是社会精英在观念上的权变理念和社会实践上的多元选择，

---

①　《论语·里仁》，见程树德撰，程俊英、蒋见元点校：《论语集释》，中华书局2014年版，第300页。

②　《论语·述而》，见程树德撰，程俊英、蒋见元点校：《论语集释》，中华书局2014年版，第600页。

③　参见桓占伟：《百家争鸣中的共鸣——以战国诸子"义"思想为中心的考察》，《史学月刊》2014年第6期。

即所谓"邦有道，贫且贱焉，耻也。邦无道，富且贵焉，耻也"①。当这种社会生活观成为执政法则时，就会成为儒家精英单方面渴求的理想境界，而非源于庶人生活的实际。子贡向孔子请教为政之道，孔子说："足食，足兵，民信之矣。"子贡问三者去其一，先去掉什么，孔子说："去兵。"子贡问如若二者择其一呢？孔子说："去食。自古皆有死，民无信不立。"②表面上看，孔子是站在政治正义立场谈论社会治理问题，似乎是在替百姓立言，实际上，孔子的这一主张未能触及普通百姓的真实想法，因为在具体的社会生活领域，普通百姓无法自主地选择生存方式，在被各种政治力量争夺、驱使的过程中，他们只能承受国家统治机制赋予他们的地位，那些社会地位显著上升的平民，则善于利用各种游戏规则，锻造出灵活多变的生存技巧，他们对贫富强弱的看法与儒家精英的期许也往往有很大差距，孔子的一些平民学生后来身居高位，但实践孔子政治理想者寥寥无几，这即是最好的证明。近代学术大家傅斯年从"祀不下庶人，刑不上大夫"这两句话中看出儒家文化之阶级性，认为儒家学说向来不关心平民，而平民"是儒家文化最不安定的一个成分"③。从《论语》里平民的社会生活所反映的儒家思想社会实践的边界看，的确能体现出儒家精英与平民之间天然的社会地位与思想观念之分野。

---

① 《论语·泰伯》，见程树德撰，程俊英、蒋见元点校：《论语集释》，中华书局 2014 年版，第 697 页。

② 《论语·颜渊》，见程树德撰，程俊英、蒋见元点校：《论语集释》，中华书局 2014 年版，第 1079—1081 页。

③ 傅斯年：《中国学校制度之批评》，《傅斯年全集》第 6 册，台北联经出版事业公司 1980 年版，第 2125 页。

# 参考文献

**一、古籍、出土文献类**

1.（宋）司马光：《资治通鉴》，中华书局 1956 年版。

2.（汉）司马迁：《史记》，中华书局 1959 年版。

3.（汉）班固：《汉书》，中华书局 1962 年版。

4.（清）王夫之：《读通鉴论》，中华书局 1975 年版。

5.（汉）韩婴撰，许维遹校释：《韩诗外传集释》，中华书局 1980 年版。

6.（宋）朱熹：《四书章句集注》，中华书局 1983 年版。

7.（魏）何晏集解，（梁）皇侃义疏：《论语集解义疏》，中华书局 1985 年版。

8.（清）黄宗羲：《明夷待访录》，浙江古籍出版社 1985 年版。

9.（宋）黎靖德编，王星贤点校：《朱子语类》，中华书局 1986 年版。

10. 王利器撰：《新语校注》，中华书局 1986 年版。

11.（汉）刘向撰，向宗鲁校证：《说苑校证》，中华书局 1987 年版。

12.（清）焦循撰，沈文倬点校：《孟子正义》，中华书局 1987 年版。

13.（清）王先谦撰，沈啸寰、王星贤点校：《荀子集解》，中华书局 1988 年版。

14.（清）孙希旦撰，沈啸寰、王星贤点校：《礼记集解》，中华书局 1989 年版。

15. 荆门市博物馆：《郭店楚墓竹简》，文物出版社 1998 年版。

16.（清）王先慎撰，钟哲点校：《韩非子集解》，中华书局 1998 年版。

17.（魏）何晏撰：《论语集解》，中华书局 1998 年版。

18.（明）高拱撰，岳金西、岳天雷校注：《问辩录》，中州古籍出版社 1998 年版。

19. 马承源主编：《上海博物馆藏战国楚竹书》（一），上海古籍出版社 2001 年版。

20. 徐元诰撰，王树民、沈长云点校：《国语集解》，中华书局 2002 年版。

21. 马承源主编：《上海博物馆藏战国楚竹书》（三），上海古籍出版社 2003 年版。

22. 马承源主编：《上海博物馆藏战国楚竹书》（五），上海古籍出版社 2005 年版。

23. 中国社会科学院考古研究所编：《殷周金文集成》（修订增补本），中华书局 2007 年版。

24.（魏）王弼，（晋）韩康伯注，（唐）孔颖达等正义：《周易正义》，（清）阮元校刻：《十三经注疏》，中华书局 2009 年版。

25. 许维遹撰：《吕氏春秋集释》，中华书局 2009 年版。

26.（清）王先慎撰，钟哲点校：《韩非子集解》，中华书局 2013 年版。

27.（清）王先谦撰，沈啸寰、王星贤点校：《荀子集解》，中华书局 2013 年第 2 版。

28. 程树德撰，程俊英、蒋见元点校：《论语集释》，中华书局 2014 年版。

29. 裘锡圭主编:《长沙马王堆汉墓简帛集成》,中华书局 2014 年版。

二、著作类

1. 陶希圣:《中国政治思想史》,中华印刷出版公司 1948 年版。

2. 鲁迅:《鲁迅先生全集》,人民文学出版社 1973 年版。

3. 北京大学哲学系一九七〇级工农兵学员:《〈论语〉批注》,中华书局 1974 年版。

4. 赵纪彬:《论语新探》,人民出版社 1976 年版。

5. 杜正胜:《周代城邦》,台湾联经出版事业公司 1979 年版。

6. 杨伯峻:《论语译注》,中华书局 1980 年版。

7. 傅斯年:《傅斯年全集》,台北联经出版社 1980 年版。

8. 陈鼓应:《庄子今注今译》,中华书局 1983 年版。

9. 钱基博:《现代中国文学史》,岳麓书社 1986 年版。

10. 日知主编:《古代城邦史研究》,人民出版社 1989 年版。

11. 顾易生、蒋凡:《先秦两汉文学批评史》,上海古籍出版社 1990 年版。

12. 朱义禄:《从圣贤人格到全面发展——中国理想人格探讨》,陕西人民出版社 1992 年版。

13. 裘锡圭:《古代文史研究新探》,江苏古籍出版社 1992 年版。

14. 刘军宁等编:《公共论丛》第 1 辑,生活·读书·新知三联书店 1995 年版。

15. 谢维扬:《中国早期国家》,浙江人民出版社 1995 年版。

16. 李振宏:《圣人箴言录——〈论语〉与中国文化》,河南大学出版社 1995 年版。

17. 胡庆钧主编:《早期奴隶制社会比较研究》,中国社会科学出版社 1996 年版。

18. 马一浮:《马一浮集》,浙江古籍出版社、浙江教育出版社 1996

年版。

19. 阎步克：《士大夫政治演生史稿》，北京大学出版社 1996 年版。

20. 胡适：《胡适文存》，黄山书社 1996 年版。

21. 李学勤：《中国古代文明与国家形成研究》，云南人民出版社 1997 年版。

22. ［德］罗曼·赫尔佐克著，赵蓉恒译：《古代的国家——起源和统治形式》，北京大学出版社 1998 年版。

23. 马一浮：《复性书院讲录》，山东人民出版社 1998 年版。

24. 王钧林：《中国儒学史·先秦卷》，广东教育出版社 1998 年版。

25. 萧公权：《中国政治思想史》，辽宁教育出版社 1998 年版。

26. 杨宽：《西周史》，上海人民出版社 1999 年版。

27. 袁行霈：《中国文学史》，高等教育出版社 1999 年版。

28. 苏秉琦：《中国文明起源新探》，生活·读书·新知三联书店 1999 年版。

29. ［美］顾立雅著，高专诚译：《孔子与中国之道》，大象出版社 2000 年版。

30. 孙培青主编：《中国教育史》，华东师范大学出版社 2000 年版。

31. 徐复观：《两汉思想史》，华东师范大学出版社 2001 年版。

32. 熊十力：《熊十力全集》，湖北教育出版社 2001 年版。

33. 阎步克：《乐师与史官：传统政治文化与政治制度论集》，生活·读书·新知三联书店 2001 年版。

34. 冯友兰：《三松堂全集》，河南人民出版社 2001 年版。

35. 钱穆：《孔子传》，生活·读书·新知三联书店 2002 年版。

36. 钱穆：《论语新解》，生活·读书·新知三联书店 2002 年版。

37. 童书业：《春秋史》，上海古籍出版社 2003 年版。

38. 章太炎：《国故论衡》，上海古籍出版社 2003 年版。

39. 刘信芳：《孔子诗论述学》，安徽大学出版社 2003 年版。

40. 李渊庭、梁秉华整理,《梁漱溟先生讲孔孟》,广西师范大学出版社 2003 年版。

41. 〔美〕顾立雅著,高专诚译:《孔子与中国之道》,大象出版社 2004 年版。

42. 李雪山:《商代分封制度研究》,中国社会科学出版社 2004 年版。

43. 〔日〕谷川道雄著,马彪译:《中国中世社会与共同体》,中华书局 2004 年版。

44. 〔美〕本杰明·史华兹著,程钢译:《古代中国的思想世界》,江苏人民出版社 2004 年版。

45. 雷海宗:《伯伦史学集》,中华书局 2004 年版。

46. 余英时:《现代儒学的回顾与展望》,生活·读书·新知三联书店 2004 年版。

47. 常金仓:《二十世纪古史研究反思录》,中国社会科学出版社 2005 年版。

48. 李春青:《诗与意识形态:西周至两汉诗歌功能的演变与中国诗学观念的生成》,北京大学出版社 2005 年版。

49. 张家山二四七号汉墓竹简整理小组编著:《张家山汉墓竹简(二四七号墓)》(释文修订本),文物出版社 2006 年版。

50. 沈长云:《先秦史》,人民出版社 2006 年版。

51. 朱义禄:《儒家理想人格与中国文化》,复旦大学出版社 2006 年版。

52. 李健胜:《先秦文化批判思想研究》,兰州大学出版社 2006 年版。

53. 李零:《郭店楚简校读记》(增订本),中国人民大学出版社 2007 年版。

54. 徐中舒:《徐中舒先秦史讲义》,天津古籍出版社 2008 年版。

55. 龚鹏程：《生活的儒学》，浙江大学出版社 2009 年版。

56. 杨伯峻：《春秋左传注》，中华书局 2009 年版。

57. 李健胜：《子思研究》，陕西师范大学出版社 2009 年版。

58. ［美］狄百瑞著，黄水婴译：《儒家的困境》，北京大学出版社 2009 年版。

59. 张志春：《中国服饰文化》，中国纺织出版社 2009 年版。

60. 雷海宗、林同济：《文化形态史观》，吉林出版集团 2010 年版。

61. 顾颉刚：《顾颉刚全集》，中华书局 2010 年版。

62. 李泽厚：《论语今读》，江苏文艺出版社 2010 年版。

63. 钱穆：《四书释义》，九州出版社 2011 年版。

64. 邢义田：《天下一家：皇帝、官僚与社会》，中华书局 2011 年版。

65. 侯外庐等著：《中国思想通史》（第一卷），人民出版社 2011 年版。

66. ［德］黑格尔著，贺麟等译：《哲学史讲演录》，商务印书馆 2011 年版。

67. ［美］狄百瑞著，何兆武、何冰译：《东亚文明：五个阶段的对话》，江苏人民出版社 2012 年版。

68. 章太炎著，朱维铮编校：《訄书》，中西书局 2012 年版。

69. 梁启超：《先秦政治思想史》，东方出版社 2012 年版。

70. 雷海宗：《中国文化与中国的兵》，商务印书馆 2014 年版。

71. 吕思勉：《先秦史》，江苏人民出版社 2014 年版。

72. 柳诒徵：《中国文化史》，中华书局 2015 年版。

73. 夏曾佑：《中国古代史》，中华书局 2015 年版。

74. 李峰著，徐峰译：《西周的灭亡：中国早期国家的地理和政治危机》（增订本），上海古籍出版社 2016 年版。

75. ［美］史华慈著，叶凤美译：《寻求富强：严复与西方》，中信出版社 2016 年版。

76. 何炳棣：《何炳棣思想制度史论》，中华书局 2017 年版。

77. 李健胜：《流动的权力：先秦、秦汉国家统治思想研究》，中国社会科学出版社 2018 年版。

78. ［法］程艾蓝著，冬一、戎恒颖译：《中国思想史》，河南大学出版社 2018 年版。

79. 王汎森：《思想是生活的一种方式：中国近代思想史的再思考》，北京大学出版社 2018 年版。

三、论文类

1. 胡厚宣：《殷代封建制度考》，载《甲骨学商史论丛初集》（第一册），齐鲁大学国学研究专刊 1944 年。

2. 雷海宗：《世界史分期与上古中古史中的一些问题》，《历史教学》1957 年第 7 期。

3. 胡念贻：《从人物形象论〈论语〉的文学价值》，《文史哲》1962 年第 3 期。

4. 徐中舒：《甲骨文中所见的儒》，《四川大学学报》（哲学社会科学版）1975 年第 4 期。

5. 常校珍：《孔子人才观初探》，《西北师大学报》（社会科学版）1981 年第 4 期。

6. 赵世超：《殷周大量使用青铜农具说质疑——与陈振中同志等商榷》，《农业考古》1983 年第 2 期。

7. 李启谦：《子路（仲由）研究》，《齐鲁学刊》1985 年第 6 期。

8. 赵光贤：《先秦贵族政治略说》，《宝鸡师院学报》（哲学社会科学版)1989 年第 3 期。

9. 李玉洁：《中国古代丧服制度的产生、发展和定型》，《河南大学学报》（哲学社会科学版）1989 年第 4 期。

10. 刘家和：《先秦儒家仁礼学说新探》，《孔子研究》1990 年第

1 期。

11. 杨朝明：《试论鲁国的重农传统和农业生产》,《中国农史》1990
年第 3 期。

12. 陈寒鸣：《颜回与颜氏之儒探析》,《中国社会科学院研究生院学
报》1991 年第 3 期。

13. 吕文郁：《采邑与春秋时期的鲁国政治》,《齐鲁学刊》1992 年
第 2 期。

14. 尤骧：《孔门弟子的不同思想倾向和儒家的分化》,《孔子研究》
1993 年第 2 期。

15. 陈昌宁：《"宰予昼寝"新说》,《齐鲁学刊》1994 年第 2 期。

16. 丁原明：《子张之儒对原始儒学的继承与偏离》,《中国哲学史》
1994 年第 6 期。

17. 阎步克：《乐师与"儒"之文化起源》,《北京大学学报》(哲学
社会科学版) 1995 年第 5 期。

18. 廖名春：《试论孔子易学观的转变》,《孔子研究》1995 年第
4 期。

19. 王济洲：《论孔子的文学观念——兼释孔门四科与孔门四教》,
《孔子研究》1998 年第 1 期。

20. 梁涛：《孔子思想中的矛盾与孔门后学的分化》,《西北大学学
报》(哲学社会科学版) 1999 年第 2 期。

21. 晁福林：《论"初税亩"》,《文史哲》1999 年第 6 期。

22. 邓立光：《从帛书〈易传〉析述孔子晚年的学术思想》,《周易研
究》2000 年第 3 期。

23. 晁福林：《论中国古史的氏族时代——应用长时段理论的一个考
察》,《历史研究》2001 年第 1 期。

24. 杜贵晨、杜斌：《"宰予昼寝"新解》,《孔子研究》2001 年第
1 期。

25. 李模:《试论先秦盟誓制度的历史功用》,《天府新论》2001 年第 1 期。

26. 朱翔飞:《孔子与〈易传〉——论儒家形上学体系的建立》,《周易研究》2002 年第 1 期。

27. 方铭:《〈孔子诗论〉与孔子文学目的论的再认识》,《文艺研究》2002 年第 2 期。

28. 王志民:《试论〈论语〉文学表现的诗化特征》,《孔子研究》2003 年第 6 期。

29. 陈桐生:《〈论语〉与〈孔子诗论〉的学术联系与区别》,《孔子研究》2004 年第 2 期。

30. 杜豫、刘振佳:《"颜乐"新探——兼论早期儒家知识价值观》,《齐鲁学刊》2005 年第 2 期。

31. 李开:《论上博简〈孔子诗论〉的人文精神》,《江苏社会科学》2005 年第 3 期。

32. 郑庆田:《孔子的交友之道》,《西南交通大学学报》(社会科学版）2005 年第 3 期。

33. 王晖:《从〈孔子诗论〉所言〈关雎〉主旨看儒家的礼教思想》,《中国哲学史》2005 年第 4 期。

34. 陈桐生:《上博简〈孔子诗论〉对诗教学说的理论贡献》,《陕西师范大学学报》(哲学社会科学版）2006 年第 4 期。

35. 马秋丽:《〈论语〉中的休闲理论初探》,《山东大学学报》(哲学社会科学版）2006 年第 5 期。

36. 盛险峰:《论春秋时期鲁国的政治道路》,《安徽大学学报》(哲学社会科学版）2006 年第 5 期。

37. 姚曼波:《孔子传〈易〉与作〈春秋〉的关系新论》,《周易研究》2006 年第 5 期。

38. 杜勇:《论夏朝国家形式及其统一的意义》及《续》,《天津师范大学学报》（社会科学版）2007 年第 1、2 期。

39. 雒有仓：《论西周的盟誓制度》，《考古与文物》2007 年第 2 期。

40. 林忠军：《从帛书〈易传〉看孔子易学解释及其转向》，《北京大学学报》（哲学社会科学版）2007 年第 3 期。

41. 晁福林：《试析上博简〈诗论〉中的"知言"与"不知言"——附论〈诗论〉简所反映的孔子语言观》，《齐鲁学刊》2007 年第 5 期。

42. 周淑萍：《宋代孟子升格运动与宋代儒学转型》，《史学月刊》2007 年第 8 期。

43. 黄国辉：《略论三桓分公室与春秋晚期的鲁国政治》，《历史教学》2009 年第 10 期。

44. 吕方：《孔子时代的"君子"和"小人"》，《孔子研究》2010 年第 1 期。

45. 陈桐生：《孔子师徒的文学传播》，《江西师范大学学报》（哲学社会科学版）2010 年第 2 期。

46. 陈少明：《〈论语〉的历史世界》，《中国社会科学》2010 年第 3 期。

47. 刘大钧：《孔子与〈周易〉及〈易〉占》，《社会科学战线》2010 年第 12 期。

48. 廖名春：《清华简〈保训〉篇"中"字释义及其他》，《孔子研究》2011 年第 2 期。

49. 王震中：《论商代复合制国家结构》，《中国史研究》2012 年第 3 期。

50. 管正平：《子路成长的分期考察》，《陕西师范大学学报》（哲学社会科学版）2012 年第 6 期。

51. 刘源：《"五等爵"制与殷周贵族政治体系》，《历史研究》2014 年第 1 期。

52. 李健胜：《文本与政治变迁——思想文化史视域中的秦汉君主专

制及其建构》,《中国史研究》2014 年第 3 期。

53. 徐正英:《上博简〈孔子诗论〉"文亡隐意"说的文体学意义》,《文艺研究》2014 年第 6 期。

54. 桓占伟:《百家争鸣中的共鸣——以战国诸子"义"思想为中心的考察》,《史学月刊》2014 年第 6 期。

55. 晁福林:《"思无邪"与〈诗〉之思——上博简〈诗论〉研究拾遗》,《文学遗产》2015 年第 3 期。

56. 王晖:《庠序:商周武学堂考辨——兼论周代小学大学所学内容之别》,《中国史研究》2015 年第 3 期。

57. 魏晓立、钱宗范:《清华简〈保训〉"中"字再辨》,《古籍整理研究学刊》2015 年第 5 期。

58. 黄伟龙:《〈论语〉中生活美的指向》,《江南大学学报》(人文社会科学版)2016 年第 2 期。

59. 刘源:《周承殷制的新证据及其启示》,《历史研究》2016 年第 2 期。

60. 王晨光:《楚国北扩地缘政制问题与"亲亲相隐"公案新解》,《中国历史地理论丛》2016 年第 2 期。

61. 王苍龙:《重回道德主体:福柯与儒家现代价值》,《天府新论》2016 年第 3 期。

62. 朱汉民:《六艺与儒家子学的思想差异》,《中国哲学史》2017 年第 1 期。

63. 王齐洲、李晓华:《"兴于诗":儒家君子人格养成的逻辑起点——孔子文学教育思想探论之一》,《江西师范大学学报》(哲学社会科学版)2017 年第 2 期。

64. 杨海文:《"庄生传颜氏之儒":章太炎与"庄子即儒家"议题》,《文史哲》2017 年第 2 期。

65. 江西省文物考古研究院、北京大学出土文献研究所、荆州文物保护中心:《江西南昌西汉海昏侯刘贺墓出土简牍》,《文物》2018年第11期。

66.宁镇疆:《中国早期"民本"思想与商周的有限王权》,《人文杂志》2019年第1期。

67.李健胜:《出土简牍所见"亲亲相隐"观念的形成及其权力属性——兼谈法律儒家化问题》,《简帛研究》2019年春夏卷,广西师范大学出版社2019年版。

# 后　记

　　4 月的西宁，天气微冷，屋里还放着暖气，山上的树木仍是冬天的模样，只有街边的花开着，清清淡淡，似有若无——这个城市的春天总是姗姗来迟。

　　当敲下"后记"两个字时，我竟一时茫然，不知写下些什么。似乎好久没有写"后记"，好久没有程式化地感谢这位、致敬那位了。这次，我也不想程式化地写这篇"后记"。

　　然而，对于从事中国古代思想史研究的我来说，阅读《论语》的各个注本，研习相关论著，则是一个程式化的过程。2008 年，选定"《论语》与现代中国"为博士学位论文题目后，程式化的阅读和研习甚至带有诸多功利性目标：博士学位、著作出版、科研项目。

　　2012 年，博士学位论文出版后，我便着手"《论语》与春秋中后期的政治、学术与社会生活"这一专题，试图把这部经典和它诞生的那个时代有机地联系起来，并形成研究范式，以便推进"《论语》与秦汉社会""《论语》与魏晋学术"等课题。在一个民族史、区域史研究见长的地区从事《论语》社会史研究有些寂寞，因为无法和同行展开更多交流和合作。为此，我曾花近十年时间从事河湟地区历史文化研究，除这个小册子外，和《论语》相关的其他专题不得不暂时搁置。

　　孔子的时代，知识传承主要靠口耳相传，直到孟子的时代，才出现大规模的文本书写和思想竞争。这期间，诸子作品大多经历过不断地添加、改写、修正。出土简牍证明，这一现象甚至一直持续到西汉中期。

正如《老子》一书的思想不能简单地和老聃本人对应，《论语》或许也不能完全原始地反映孔子思想，未来的研究，或许从"《论语》所见某某思想"而非"《论语》所见孔子某某思想"的角度展开。这不是"疑古"或"信古"的站位问题，而是一个必须深入辨析的学术课题。

在信息超量累积、生活日趋平面化的时代，研习《论语》既要充分考量它所生成的时代背景和历时性流传情况，也要结合当下社会，去反思人类面对的基本问题。本书正是在这样的问题意识下写成的。限于学识水平和书写能力，难免有错漏之处，敬请读者朋友给予无私指正。

**李健胜**

2020 年 4 月 20 日 于西宁金座晟锦